日本比較法研究所翻訳叢書

86

法の支配と文明秩序

中国人学者の視点から

於興中 著

梶田幸雄・柴裕紅 編訳

法治与文明秩序

於兴中 著

中央大学出版部

法治与文明秩序

（第二版）

於兴中 著

装帧 道吉 刚

日本語版へのはしがき

　拙著『法の支配と文明秩序』の日本語版が出版される運びとなり，とても光栄に思う。拙著の日本語版出版に際して日本比較法研究所との連絡及び翻訳の労をとってくださった柴裕紅先生，同様に翻訳をしてくださった烏蘭格日楽先生，金海英先生，方芳先生，そして拙著を発掘し，編訳をいただいた梶田幸雄先生に心より感謝の意を表明する。

　本書の初版は2006年に中国政法大学によって出版され，2版を重ねるに至った。王蘭萍氏の尽力で商務印書館により第二版が出版された際には，最終部を全面的に改めて新たに文章を入れた。機会をみて，新たな考え方を加筆し，全面的な改訂版も出版したいとも考えている。

　本書は，16年前に初版されたものではあるが，今日においても筆者の論考は廃れていないだろう。本書で叙述した心性（heart），知性（mind），霊性（soul）などの三次元文明秩序認識論は，既存の社会理論の欠陥を補い，現代社会における解釈と認識も理想社会の想定において理論的基礎を提供したものである。本書において，筆者は多くの固有の独創的な概念を打ち出した。例えば，「法律文明秩序」，「権威システム」，「規範二元論」及び法律と道徳と宗教に関する発展の三段階論などである。この概念は，徐々に外国の学者たちに受け入れられてきている。

　法治（法の支配）についての独創的観点は，2015年に出版された『法治東西』の中で集中的に取り扱っている。「法治」（法の支配）という概念の源と本来の意味を強調し，かつ中国で法治（法の支配）を実現するには，少なからずの障害があることを示したものである。

　本書では西洋法理学の発展とその現状を説明したが，2014年に出版された『法理学前沿』における議論を更に発展させた。すなわち，新たな視点として，英米法理学は経験主義から身分法学まで混迷に陥っているのではないかということである。それに対して，ヨーロッパ大陸の法理学は，伝統的な強

靭性と現実的多面性を有している。全体的に法理学の発展はすでに空白期間（interregnum）に入ってきたと思う。法理学の研究は，多彩な段階へと進んできているのではないだろうか。

　以前，文明秩序という概念を使った人々がいたが，彼らはこの概念は分析モデルとしては用いられるには至らないことを認識している。ある意味では，分析モデルとしての「文明秩序」は本書に端を発している。筆者は，「文明秩序」と社会認識論の両者を併せて３つの典型的な文明秩序を提案した。すなわち，道徳文明秩序，法律文明秩序と宗教文明秩序である。心性，知性と霊性などの三次元的な文明秩序認識論を含めてこういう文明秩序の理論的基礎を区別することは，現在からみれば有効であり，今日人工知能テクノロジーに主導された人間性簡略化論と理性極端主義を見分けるのに役に立つかも知れない。ビッグデータ，人工知能，インテリジェント・ネットワーク，ブロックチェーンの発展でわれわれの今の文化は，極端な理性主義に傾斜し，一方的に理性－科学－経済－法律人を育てる傾向にある。このように人間の理性は極めて発達し，抜け目なく，何をやるにしてもいつも用意周到であり，機会に乗じて利に走り，霊性と心性を欠いている。したがって今日のこのような特殊な状況下で，人としての全面的な発展，すなわち人間の心性，知性と霊性を全面的に発展させることが，重要な意味を持つ。筆者は，このことを絶えず研究し，新たな論考を著してきた。このたび，訳者の諸先生がこの優れているとはいえない著作を日本語版に翻訳していただいたことに改めて謝意を表すると同時に，筆者の研究が今でも何らかの役に立つことを喜ばしく思う。

　本書の日本語版を出版いただく中央大学に設置されている日本比較法研究所のご支援に厚く御礼申し上げたい。また，同時に中国語版出版に尽力くださった商務印書館の王蘭萍氏と高媛氏にも謝意を表する。

　2022 年 3 月 10 日

　　　　　　　　　　　　　　　　　　　　　　　於　興中

序　文[*]

　『法の支配と文明秩序』は 2004 年に執筆をし，2006 年に出版された。筆者は，同書において，ほぼ 1990 年代に形成された社会理論，法哲学及び法の推論などについて学修したことを主にまとめた。以来 10 数年経ったが，自身の当時の考えは，今日においてもほぼ変わりがない。本書で初めに叙述したのは，(1) 人の本性の三分法，すなわち，①心性，知性と霊性，②道徳，法律，宗教の三次元の文明秩序認識論，(2) 文明秩序を構成する 4 要件説としての「権威システム」及び「文明秩序としての法治」などの概念や学説についてである。これらは筆者の研究の重点であり，かつ筆者自身の理論の出発点でもある。比較文化及び比較法学の学者にとって，本書はなお参考に供する価値があるものと考える。

　このたびの再版は，若干の誤字を修正し，ドゥオーキンの法思想に関する章を改訂し，法の最終的権威性，地方法制に関する短文を追録した。本書の再版にあたっては，商務印書館の王蘭萍氏から多大の尽力をいただいた。編集者の高媛氏及び同僚の胡鍼蕾氏も本書の出版に多くの労をとってくださった。ここに深謝申し上げる次第である。

謹識

　2019 年 5 月 5 日

於　興中

＊訳者注　著者の第二版への序文である。

梁　序[*]

　著書の良し悪しは，著者の資質及び努力による。著書の内容が興味深いか否か，思想があるか否かは，読者の判断に委ねられる。読者と著者との間に序文の執筆者の存在は必要ないだろう。そうでありながら，序文を書くのは，著者の好意を無にすることなく，この職責を余人に委ねるわけにもいかないと考えるからである。

　このような理由がありながらも，筆を綴るのは難しい。何を書けばいいのか。蛇足にならず，押し付けをせず，言うべきことはあるか。やはり難しい。古人曰く，「知人論世」，また曰く「文如其人」。その書を読めば，その人となりを知ることができる。その人となりを知れば，その書の意味も明らかになる。そこで，作者のことについて話をすることとする。

　本書の筆者於興中博士は，文化大革命の後に大学に入学した世代の人である。入学前に下放し，大学を卒業してまもなく海外に留学した。留学してから十数年間，学修をし，教鞭をとり，研究に携わり，一貫して西洋の法思想の学術研究に耽っていた。ただ，中国における経験は，彼の思考に刻み込まれ，忘れ難いものとなっていた。彼もこのことを自覚し，この文化的資源をとおして観察，体得及び思考をしたことが，彼をして懐が深く，均衡がとれた理性的批判的立場をとらせている。例えば，於博士は，人権観念を欣然として受け入れると同時に権利観念のほかにその他の人類の価値の重要性を指摘している。また，彼は，法の支配に代表される基本的価値を肯定するが，同時に法秩序の限界を指摘し，法の支配はその他の文明秩序と補完し合うことにより理想的な社会生活をつくることができるのであるとする。さらに，彼は，現代の重要な成果を認め，受け入れる一方で，ポストモダンの思想にも理解を示す。

　本書は，4編から成る。主に広義から狭義の順番で叙述され，まず文明の枠組みの中で法と政治秩序について論じてから，次いで法の理論と学説を論じ，さらに法を運用する技法を論じ，最後に地方の法制について論じている。この

構成は，彼が十数年来鍛錬してきたところのものであり，彼の経験を反映する
ものである。彼は，法と文明秩序の問題について長らく考えを巡らしてきた。
彼がハーバード大学で完成させた博士論文は，この主題を中心に扱ったもので
ある。法理学は，彼の主専攻であり，法解釈と推論は，彼が大学で講義をした
ものである。

　於博士を知る人は，彼の性格が沈着，温厚であることを知っている。二十数
年間，於博士は，学府を経て，東西を巡り，千里の道を歩み，万巻の書を読
み，論文を執筆してきたが，これを一冊の著書にまとめることはしていなかっ
た。これは，国内業務が多忙を極め，友人の願いでシンポジウム等に出席して
いたからである。しかし，ここに論文をまとめ，書物として著すことができ
た。この文章は，彼の人となりを表すように軽妙な筆致であり，事大なもので
はない。彼は，冗長な叙述はせず，しかしながら，重厚なものを簡便に叙述
し，我々に学術と思想の境地を示し，閲読する興味を惹かせる。

　2004 年 10 月

梁　治平

北京奥園寓居にて

＊訳者注　初版への梁氏の序文である。

法の支配と文明秩序

中国人学者の視点から

目　　次

〈翻訳担当箇所〉

梶田幸雄	第Ⅰ部第1章, 第2章, 第3章, 第4章
烏蘭格日楽	第Ⅰ部第5章, 第6章
	第Ⅱ部第12章
金海英	第Ⅱ部第11章, 第13章
方芳	第Ⅱ部第7章, 第8章, 第9章, 第10章
柴裕紅	第Ⅲ部第14章, 第15章, 第16章

第Ⅰ部

法の支配，人権及び秩序

第 1 章

強勢文化，二元認識論と法の支配[*]

1 は じ め に

　中国の学者は，人治の色合いが濃い中にあって，人治よりも高度な又は優れた理想社会を強く渇望している。しかし，法の支配は永遠の仮想である。今日，法の支配に関する限りない叙述をみると，人々は基本的に法の支配を人類社会の最も理想とする状態と考えているようだ。法の支配の弊害については，何も想起されていない。無数の有識者が，法の支配を追い求めて艱難辛苦している。一方，今日の中国は，法の支配に対して一連の批判をしている。これには，ある非常に困難な事情がある。我々は，法の支配は国家の魂，自由の使者，又は正義の化身と信じているが，法の支配はある種の理想又は一種のイデオロギーであるということを無視すべきではない。本章では，今なお広範な関心を呼び起こしてはいない側面，すなわち強勢文化，二元認識論及び法の支配の関係について検討し，法の支配の若干の弊害を指摘し，もって心ある学者と法改革論者の参考に供したい。本章の基本的な観点は，法の支配には依然として否定しがたい優位性があるが，最も理想的若しくは唯一の選択肢ではないということにある。いわゆる人治・徳治社会から法治社会へと向かうことは，必ずしも遠い道のりではなく，一元的社会からもう1つの理想とは甚だ遠い一元

---

　[*]　初出「清華法治論衡（第3輯）」清華大学出版社（2002）。

的社会に向かうだけである。強勢文化と二元認識論の制約により，この簡単な
事実は人々に認識されにくくなっている。転換期の中国には，さらに広範かつ
深刻な理論的探究が必要であり，より理想的な社会を追求する必要があり，単
に法の支配を狂信し，社会生活の多様性及び人の多様性並びに相応の社会制度
といった多様な可能性をなおざりにすべきではない。以上の検討をするに際し
ては，はじめに法の支配の概念について明らかにする必要がある。そこで，本
章の第 2 節で私の考える法の支配について定義をし，今日の中国の法の支配に
対する葛藤について論じる。第 3 節では，強勢文化の意義について検討する。
第 4 節では，いわゆる二元認識論及びそれに対応する普遍主義の認識方式につ
いて検討する。第 5 節では，結論として法の支配の追求が，我々の理想とする
社会のあり方と探究に影響すべきでないということを指摘する。

2　法の支配と法の支配に対するコンプレックス

(1)　法 の 支 配

　法の支配は，当初は単なる理想の 1 つであったが，後に一種の文明秩序，社
会の仕組みとして発展した。しかし，この社会の仕組みと法の支配の理想との
間には，現実に大きな隔たりがある。一種の権威的理想として，法の支配は，
多くの仁徳者に自由，公正のために献身することを促した[1]。

---

1)　法の支配に関する著書は数えきれない。例えば，以下がある。W. Blackstone,
Commentaries on the Laws of England, 3rd., Clarendon Press(1765); A. V. Dicey,
Introduction to the Study of the law of the Constitution, 8th ed., Macmillan(1915);
G. Dietze, *Two Concepts of the Rule of Law*, Liberty Fund(1973); R. Dworkin, *Law's
Empire*, Harvard University Press, 1986; J. Finnis, *Natural Law and Natural Rights*,
Clarendon Press(1980); L.L. Fuller, *The Morality of Law*, rev. ed. Yale University
Press(1969); H. L. A. Hart, *The Concept of Laws*, Clarendon Press(1961); F. A.
Hayek, *The Rule of Law*, Institute for Humane Studies(1975); F. A. Hayek, *The
Constitution of Liberty*, University of Chicago Press(1944); F. Neumann, *The Rule
of Law: Political Theory and Legal System in Modern Society*, Berg Publishers
Ltd.(1986); J. Rawls, *A Theory of Justice*, Belknap Press(1971); E. P. Thompson,

　法文明秩序としての法の支配は，以下の 4 つの内容からなる。すなわち，法の支配の理想をもって導かれる権威体系，権利と法を中心とする体系，司法制度を社会の最たる基本的制度とする体系，及び個人の権利と法を拠り所とする文明秩序意識である。このような法秩序は，古代西洋の文化的土壌から萌芽し，近現代の欧州で大きく発展し，その後に米国で繁栄した[2]。

　法治社会では，政治活動は規範化，手続化される。政治の合法性とは，完全に合理化された手続きが合法であることである。具体的には選挙手続き，立法手続き，司法手続き及び政治参加などの面に現れる。政治の規範化，手続化は一致し，法治社会における経済活動も規範化，手続化される。経済活動は純粋に営利を目的とし，経済活動の規律が公開化，標準化，規模化された経済は，関係経済又は倫理経済と比較して，規範化経済又は市場経済と称することができる。

　法の支配の主な優位点は，人の欲望と精神の追求との間の矛盾を妥当に解決することにある。この矛盾は，あらゆる伝統文化において避けることができないものであるが，それでも解決できない矛盾ではない。それは，各世代に引き継がれる理想社会のために奮闘する仁徳者を困惑させる。要するに，世界の主要な文化伝統は，神聖なものであろうが世俗的なものであろうが，一般に人の利益の追求に抑制的態度を示すが，法治社会では，人々の利益に対する欲求を追求することを奨励しているということである。個人の欲得の具体的表現は，権利として表現され，権利と権利，権利と権力が衝突したときに法律で調整する。このような個人の欲望及び欲得が転化したものが権利であり，法律により保護される権利となる。この過程が現実には法の支配の核心的内容なのである。これを詳述すれば，権利があることにより事をなすことは，自由があるから事をなすことと同じであって，ここから権利は自由と同じことになる。人に

　Whigs and Hunters: *The Origin of the Black Act*, Allen Lane, 1975; P. M. Unger, *Law in Modern Society: Toward a Criticism of Social Theory*, Free Press(1976).

2)　於興中「作為法律文明秩序的法治」清華法治法論衡（第 2 輯），清華大学出版社 (2001)，31-44 頁。

ついて言えば，権利はすなわち自由であり，物について言えば，権利はすなわち財産権である。故に権利，財産，自由は相通じるものである。権利，財産，自由の間，個人の権利と他人の権利との間，個人の権利と政治組織との間の関係には，同じところもあれば，矛盾しているところもある。この種の矛盾及び衝突は，正義と不正義，平等と不平等の問題を生む。然るにこの衝突及び矛盾を解決するためには，一種の強力で予め存在する統一的手段及び手続きが必要であり，これがすなわち法律であり，法制度である。法の支配は，このように法を主要な統治手段として理性的基盤の上に確立された社会システムをもたらし，人々に往来，生活，交流をもたらす[3]。

⑵ 法の支配に対するコンプレックス

　1980年代以降，中国政府，学者及び市民は，法の支配に対して大きな関心を持った。政府は，国家の統治手段として法治を推進し，学者は進んで法の支配を提唱し，法の支配の銅鑼を鳴らし，市民も正義を希求し，自らの権利を守るのに法を用いるようになった。「依法治国」，「依法治水」，「依法治林」など法治という言葉を使ったスローガンが多くみられるようになり，法の支配に関する論評も頻繁にみられるようになった。一時は，法の支配が一種の流行語となり，さらには一種のコンプレックスに転じた。

　当然ながらこの種の法の支配に対するコンプレックスは，決して新しい問題ではない。清朝末の変法からすでに始まっており，この点で中国人は早くから法の支配を追求していたと言える。しかし，中国の歴史伝統は複雑であって，現実の生活も目まぐるしく変化をしているところ，法の支配を求めることも断続的で，紆余曲折があり，100年後もなお大きな成果をみていない。

　しかし，1980年代以降の法の支配に対するコンプレックスは，以前のものとは異なる。以前，人々は法の支配の利害について慎重な態度で接し，法の支配を追求することには多少の留保があった。しかし，今日では法の支配の追求

---

3)　同前。

にかつてない確固たる自信と疑うことのない絶対的信念を持っている。このような新しい法の支配に対するコンプレックスの最大の特徴は，法の支配を一種の善治，最高の理想として，中華民族が今日直面する唯一の正しい文化の選択であるとみなしていることである。

　しかし，経験上，又は理想面から鑑みても，この法の支配に対するコンプレックスを受け入れることに納得することはできない。経験上，我々は米国を例にとることができる。米国は，今日の世界で最も繁栄している国であり，法の支配を励行していることが知られる。米国人が自国を法による支配がなされている国であるとみなすだけでなく，ほとんどの国も米国をこのようにイメージしている[4]。そこで，政治・法律の転換期にある発展途上国も，米国の法制度を模倣している。しかし，米国の繁栄は，真に法の支配によるものであろうか。米国社会は，真に最も理想的な社会形態であろうか。

　米国は，世界で最も完全な法制度を有している。憲法，司法制度，法律家，法学教育制度は，いずれも一流とみなされている。しかし，仔細に検討すると，各制度には欠陥がある。憲法解釈における政治化傾向，司法手続きにおける人種間の不平等，法律家の商業化，及び法学教育による社会の分断などは，人々がいずれも認識している弊害である[5]。この弊害は，米国社会の公正及び平等などに無視できない消極的作用をもたらしている。事実，米国を繁栄させ，かつ偉大な国家たらしめているのは，法の支配によるのか否か，それとも法の支配による人権というスローガンに埋没している別のより重要な要素，例えば，重厚な人類の文化伝統，強固な宗教的基礎，高度な個人の自覚，誠実な生活態度及び賢明な社会政策（例えば，国内資源の保護，最大限に国際資源を利用し，大規模に外国人材を受け入れていること）などによるものなのか。

　繁栄している国家は，必ずしも公平な社会であることを意味せず，理想的社

---

4)　Ronald A. Cass, *The Rule of Law in America*, Johns Hopkins University Press (2001).

5)　批判法学派による論文に，例えば，*David Kairys, The Politics of Law: A Progressive Critique*, 3rd ed.(1998) がある。

会とも違う。公正と法の支配は，自由主義社会思想の核心的価値である。しか
し，法の支配がなされていると称される米国は，社会の不公正という悪夢から
脱していない。米国社会の暴力的傾向及び冷淡な人間関係について触れずと
も，資本主義制度下の社会の分断及び階層間の不平等，個人が高度に分化した
社会分野で社会的地位を高めることの困難さ，司法上の人種問題及び奴隷的傾
向をみせる企業文化などについてみれば，米国社会は理想的社会からは程遠い
ことは明らかであろう。

　米国の繁栄が，法の支配の伝統によるのでないとすれば，すでに高度な法の
支配に到達している米国社会といえども最も理想的な社会であるとは言えず，
そうであるならば法の支配を絶対的な善及び最も優れた文化として追求するこ
とに関して，我々自身が誤ることのないようにしなければならない。

　理想ということについていえば，法治社会は，幾つかの国家で歴史的に発展
してきた結果であり，その他の国家ではやむなく選択されたものである。法治
社会自体の価値からすると，法治社会の優劣を評価しようとしても，公正で妥
当な結果をもたらすことはできない。法治社会の価値をその他の類型の社会の
価値と比較又は参照をすることによってのみ，その相対的な優位性を見いだす
ことができる。法治社会の主な価値は，「自由」「正義」「権利」「法律」「規則」
「手続き」などにある。これらの価値の基本は，総じて抽象的，非人間的，外
在的，及び懐疑的本性にあり，ヘーゲルとマルクスの言う「疎外」を様々に表
現する（自由を除く）ものである[6]。この種の外部価値体系とそれに対応する制
度は，人々の政治的経済的活動により合理的な環境を提供することができる
が，理想的な人格の創造又は人間性を高めることを保障はできない。法と権利
で武装した人がどれほど愛らしいか想像することは難しい。それに対応するの
は，「情」「義」「仁」「愛」「謙譲」「敬虔」「慈悲」など，他の類型の社会にお
ける価値観である。この種の価値観の基本は，人間本位，内生的，善行であ
る。それらは人間の本性を昇華させ，人々の情緒，格調及び高貴さを育むが，

---

6)　Bertell Ollman, *Alienation: Marx's Conception of Man in a Capitalist Society*, Cambridge University Press(1977).

人々が政治経済活動を行うための条件を創造することはできない。「情」「義」で市場競争に参加するなら，それは自殺するに等しい。仮に我々がこの2つの価値体系をいかなる偏見ももたずに比較するならば，我々は，後者は前者に如かずという結論になることだろう。

　法治社会は，世界においては文明秩序の一種であるにすぎず，それは決して絶対的善ではなく，多くの優位点を有しているにすぎない。法治社会は，人の生命に不可欠なものを人の知性と結合させ，人の知性を最大限まで発展させるものである。これは，非常に価値のあることである。法治社会は，人生に不可欠なものと人生の意義との間の矛盾を解決し，かつ，両者を統一し調和させるものである。生命に意義がなく，必要なものだけでよいのだとすれば，人間を動物の地位に落としめることになるだろう。しかし，生命の意義は，生命に不可欠なものより高次のところにある。人が自らに不可欠なものさえも持たないとすれば，人生は意義のないものとなるだろう。すなわち，人間の本性の発展は必ず人間の生存が図れてこそ有効となる。このことは自明の道理である。まさしくこの点にこそ，法文明秩序は，すなわち法治社会であるという点において，宗教文明秩序及び道徳文明秩序などに優越する。

　しかし，法治社会は，人間の知性の創造を重視し，人間の本性の重要な側面，すなわち人間の本性や霊性の育成といったことを無視しているため，せいぜい人間の知性にわずかの楽園を提供することしかできず，人々の精神性と心性を潤すことはできないことも認識しておく必要がある。純粋な功利主義の合理性と実用主義思想に基づく現代の法文明秩序は，個人的な利益を最優先する現代人を育成することはできる。彼らは永遠に「私」が中心であり，「他人」は軽く扱い，全ての衡量基準は自らの権利が侵害されるか否かである。彼らには歴史観，道徳的責任感がなく，彼らの人生は，様々な交流や感情にあるのではなく，利害の衝突や些細な問題に対するこだわりがあるだけである。結局は，完全な知性と法治社会を確立することは，非常に多くの現実主義的個人主義者（presentist individualists）を生み出すことはできるが，健全な精神をもつ人々を育むことはできない。

それでは，なぜ1980年代に上述の法の支配に対するコンプレックスが中国に登場したのか。筆者は，以下の幾つかの原因があるものと考える。

① 法の支配と経済発展との必然的な関係

1980年代以降，中国は発展の方向性と中心的な課題を再調整した。経済発展は，全人民が努力する共通目標となった。中国の経済改革は，全てが政府の政策から始まり，民間の実践で終わるが，ここにおいて法の役割はあまり明確ではない。人々は，ただ一般に法は市場経済の発展に不可欠で重要な道具であると考える。実際に，法と経済の関係は，法理学研究において未解決の問題であり，これまでのところ，両者に必然的な関係があることを示す十分な研究は存在しない。

② 中国が国際社会に参入するための必要条件としての法の支配

中国は，19世紀に西側列強に侵略されて以降，民族の自尊心はひどく傷つけられ，自信を取り戻せずにいた。1980年代以降，徐々に世界の舞台に登場し始めたが，それでも重要な役割を果たしてはいなかった。さらに，国際社会は中国の参入を必ずしも歓迎せず，多くの障壁を設けた。中国政府は長年の経験を経て，ついに法の支配が国際社会への扉を開く鍵であることに気付いた。10年以上にわたるGATT／WTOへの復帰の願いは，そのような多くの事例の1つにすぎない。

③ 伝統的政治から現代政治へ移行する道標としての法の支配

伝統的政治社会と現代政治社会の違いは，主に次の面で体現される。伝統的政治社会では，個人の権威は法の権威に優先する。国家（王朝）と集団の利益が，個人の利益に優先する。法は統治の手段である。人々は成功者と落伍者，支配者と被支配者に分けられる。帝王・国家は全てに君臨する態度で人民を所有し，支配する。国の指導者は公の選挙により選ばれるわけではない。これに対して，現代政治社会では，次の特徴がみられる。法の権威は個人の権威に優先する。個人の利益は集団の利益よりも重要である。法は，正義を擁護する中立的力である。人民は支配と被支配という関係ではない。国は一種の抽象的な象徴として政府から分離され，政府は普通選挙によって形成される。伝統社会

は，一般的に「人治」社会と考えられる。中国は「人治」から「法治」へと移行しつつある。

④　知識人の認識上の限界

中国の知識人は実際に苦しんでいる。ある人は省察して，彼らは「鳳凰の両翼を持たない」と言い，また，「束縛された舞踊者」にすぎないと言う。「両翼」は古代漢語と英語のことを指している。近代の中国の知識人は，古代漢語を知らず，英語もできない。古代漢語に習熟していなければ，中国語の伝統的文化を回顧し，ここから済世救国の良い方法を読み解くことはできない。英語に習熟していなければ，西洋の伝統を深く理解することができない。ただ不和雷同し，流れに身を任せて生きるしかない。この十数年間に留学生が飛躍的に増え，帰国した者も多いとはいえ，西洋の伝統を深く理解している者は多くない。彼らは束縛された舞踊者でもある。多くの規範は彼らの思考を制約する。あたかも，律詩人が，平仄，韻律を守らなければならないようにである。これらの規則が中国の知識人の創造性を直接扼殺しなかったとしても，少なくとも彼らが自由に思考することに大きな影響を与えている。

⑤　強勢文化が法の支配を輸出した結果

東西の接触が始まって以来，西洋文化は常に強い立場にある。強勢文化は常に科学技術，現代の生活様式，市場取引，電気製品を世界に広めると同時に，その文化的価値を世界に広めることにも大きな注意を払っている。「法の支配」は間違いなく西洋の文化的価値観の中で最も抜きん出ているものである。ある程度，中国は，強勢文化による法の支配の輸出から直接的または間接的に恩恵を受けている。

⑥　二元認識論の影響

西洋人は，世界各国に彼らの文化的価値を輸出するが，これは決して利益を得んがためだけでなく，また，必ずしも彼らの文化的覇権主義の促進のためでもない。西洋を支配する知識人の間には正義がある。彼らは，真理の追求が覇権主義よりも優っていると考えている。多くの人々は，敬虔なクリスチャンの気持ちだけで西洋の文化的価値を喧伝しているのかも知れない。彼らは一種の

普遍主義的二元論の観点から，世界文化を西洋と非西洋，理性と非理性，宗教志向と法志向，及び伝統と現代といった類型に分類し，西洋の文化的価値が高度に理想的なものであると考え，そこでこれを普及するために力を注いでいる。

　上記の理由は，1980年代に中国で法の支配に対するコンプレックスが出現した理由に関する試論であり，必ずしも正しいとは限らないだろうが，このうちの何点かは一般にもよく知られていることである。以下，上述の第5及び第6の問題について再論・強調しておきたい。

3　強　勢　文　化

　キリスト教を背景とし，理性を基盤とし，法を主たる統治の手段とする西洋文化のことを筆者は強勢文化と呼ぶ。この種の文化は，ルネサンス後の500年で大きく発展した。それは，ルネサンス，宗教改革，啓蒙運動，産業革命などの一連の活発な革命の中で徐々に成長し，完成された。この文化の強大さは，その物質的な側面だけでなく，精神的，学術的，芸術的側面にも表れている。この強勢文化が，ヨーロッパから米国にもたらされたとき，好条件の揃った米国でさらに発展し，米国を現代世界で空前の強大国家にした。

　強勢文化の形成と発展の過程で，思想家，哲学者，文学者，法律家などの無数の優れた知識人が現れた。彼らは，強勢文化に存在する文化的価値を，一種の普遍的な文化的価値とみなし，これを普及するために尽力した。しかし，一面ではこの文化的価値を普及させる手段は，非常に文明化されておらず，残酷でさえあり，時には極端に友好的で偽善的である。米国は，今世紀の初めから法の支配と民主主義を他の国々に輸出してきた。米国政府の対外援助には，経済，政治，法律，文化の各方面のものがある。第二次世界大戦後，米国政府は外に向かって拡大し，ますます大規模に他の国々に援助を提供してきた。1980年代以降，世界の政治構造の変化により，米国の対外援助は新たな展開を見せた。トーマス・カロザーの著書「Aiding Democracy Abroad」は，米国政府

の対外援助と文化輸出について詳細な分析をしたものである[7]。法の支配と強勢文化のその他の方面の他国への輸出，特に中国のような国への輸出は，法の支配の理解と発展に大きな影響を与えた。問題のもう一面は，強勢文化に直面したとき弱勢文化は明らかに無力であり，その挑戦を受け入れるしかないということである。弱勢文化は，強勢文化の知識人の目には一種の病人，又は敗者にみえ，したがって西洋人の手術台に置かれ，施術される実験の対象となる。良心のある熟練した医師は，最新の医療機械とメスで弱勢文化を研究・解剖する。しかし，一方で弱勢文化の伝統を徹底的に攻撃する者もいる。西洋の強勢文化の影響下で，弱勢文化は，独自の伝統を放棄し，西洋に向き合い，西洋の強勢文化の参入を歓迎する態度をとることを余儀なくされてきた。法の支配の選択も同じ理論である。弱勢文化は，「劣等感」に苦しんでおり，その結果，独自の文化を評価する能力と西洋文化を批判する能力を失った。それゆえに，西洋の全てと強勢文化の全てが良いという態度を示し，強勢文化の価値は自然に全世界中の弱勢文化に一般的に受け入れられる普遍的な価値となるのである。人権，法の支配，民主主義，自由などの理想とスローガンの受入れと実践は，弱勢文化が強勢文化の影響下で選択の余地がなく，強勢文化の文化的価値を徹底的に受け入れるだけであることを十分に証明している。

　強勢文化は世界中に広まる可能性がある。直接的に輸出される他に，教育，文学作品及び各種の文化芸術的活動などにより感化されることもある。ここで意味があるのが，比較研究である。比較は，人の天性である。比較の方法は，学術研究において最も広く用いられる方法である。一般的に，マクロの比較でもミクロの比較でも，概念，モデル及び価値分析と切り離すことはできない。いかなるモデルを採用するかは，研究結果にとって重要な問題である。しかし，残念なことに，人々はしばしば意識的又は無意識に強勢文化の概念を分析

---

7)　Tomas Carothers, *Aiding Democracy Abroad: The Learning Curve, Carnegie Endowment for International Peace*, Washington(1999). William P. Alford, "Exporting The Pursuit of Happiness", Harvard Law Review, Vol. 113, No.7(2000). John V. Orth, "Exporting the Rule of Law", 24 N.C.J.Int'l & Com. Reg. (1998)p.71.

モデルとし，異文化の分析に普遍的に適用する。一般的な弱勢文化に対する理解と認識から，強勢文化の価値を分析モデルとし，また，優劣の判断基準とする。法の支配の概念により中国の現実，さらには中国の将来を描くことは，こうした比較研究の結果である。しかし，このような方法は，研究対象の文化を正しく理解する上で必ずしも積極的な意味があるとは限らず，ときにはかえって誤解を招くことがある。例えば，古代中国の法家の法に対する見解も，一種の現代の法治思想と同じ法治観とみなされている。

4 二元文化認識論

現代西洋の強勢文化は，世界各地で勝利を収め，全人類の福利に対する責任を担っていると思わせる。強勢文化は，世界を導き，世界はそれがどこへ向かうにしてもこれに従う。しかし，強勢文化自体の限界から，強勢文化の指導の下では，今日の世界が天国に至る兆候はみられないようである。逆に，強勢文化と弱勢文化との間の矛盾と衝突は，世界をますます地獄へと向かわせている。強勢文化の限界の中で最も致命的であるのは，その二元文化認識論，すなわち，理性と非理性に基づく二分法にある。この二分法は，理性と非理性，個人と集団，法と宗教，東洋と西洋の対立を生んだ。これは，強勢文化が弱勢文化を認識する可能性を妨げるだけでなく，強勢文化自体の発展を制約する。それは，社会システムの観点から，二元文化認識論は，社会を独裁と民主主義，伝統と現代，法治と徳治の社会に分類し，法治社会と徳治による社会以外の存在が想像できないか又は否定するかである。しかし，実際にはその他の類型の社会，例えば，宗教社会や宗教文明秩序などが存在する。このように，多彩な現実の世界が2種類に単純化され，しかも法治文化が強勢であることは，必然的に徳治などの文化が劣勢であることを意味する。弱勢文化に関する限り，強勢文化，すなわち法文明秩序を受け入れる以外に道はないということになる。強勢文化は，世界平和やそれ自体の利益を追求するために，弱勢文化に相当規模の援助を提供している。強勢文化における知識人は，常に自身の厳粛な研究

を通じて，絶えず理想的な社会を追求してきたが，それは特定の国や特定の文化のためではなく，全ての人類のためである。ただし，強勢文化の覇気の影響及び二元文化認識論の制約のため，これらの知識人の行動は逆効果となり，世界の社会と人類に広範な前途を提供できないだけでなく，かえって人々の思考に限られた選択肢を示すだけになっている。強勢文化の二元文化認識論は，弱勢文化の固有の活力を損なうだけでなく，強勢文化における知識人の想像力を制限する。フランシス・フクヤマが 1989 年に世界の政治情勢が劇的に変化した後に執筆した「歴史の終わり」がその一例である[8]。

5　ま　と　め

　上述のとおり，法の支配には，否定しがたい優位性があるが，必ずしも最善のものでも，唯一の選択肢でもない。しかし，強勢文化には大きな推進力があり，また，二元文化認識論が支持されているので，法の支配はあたかも今日追求する理想社会のモデルとして唯一の選択肢になっている。法の支配の限界を認識することで，建設的な批判をすることは，中国の特色ある理想的社会を構築するために無益なことではない。それは，我々に以下の啓示を与える。すなわち，法の支配を受け入れると同時に，中国固有の文化的伝統を放棄すべきではなく，中国固有の文化的伝統から法の支配に適応する文化的要素を探し出し，今日の法の支配モデルをさらに完全なものとすることである。さらに，これだけでなく，我々は法の支配に建設的な批判をする必要がある。当然にこの建設的批判をするという姿勢は，従前に我々がとったように法の支配に敵対し，法の支配を否定するような姿勢を示すということではない。シカゴ大学の比較的に保守的な教授であるエプスタイン氏は，その著書で法の支配だけをもって理想的文明社会というにはおよそ不十分であるとし，さらに徳を積むことの重要性を指摘している[9]。彼の提案は，相対的に発展している米国社会に対

---

8)　Francis Fukuyama, *The End of History and the Last Man*, Free Press(1999).

9)　Richard A. Epstein, "Beyond the Rule of Law: Virtue and Constitutional Structure",

してのものだが，発展途上の中国にも啓発的意義がある。さらに重要なことは，中国の知識人は，「自己卑下症」を捨て，改めて自信及び想像力を持ち，強勢文化が提示する唯一の選択肢にとらわれることなく，新たな可能性，新たなモデル及び理想を探索する努力をしなければならないということである。

第 2 章

法文明秩序としての「法の支配」*

1

　A.J. カーライルは，政治理論において新たな見解が示されることは極めて少なく，異なるのは単にある一面を強調することにすぎないと述べている[1]。「法の支配」という永遠の主題に対する理論と解釈もこのように言えるのではないか。昔から法の支配について論じる論文は非常に多く，かつ複雑であり，およそこれまでに語られてきたことは，法の支配のある一面について整理し，一面を強調しているにすぎない。実際に強調する余地さえもなくなっているかも知れない。鑑みるに，理念と原則，規則と制度，形式と内容，保守と革新，手続的正義と実質的正義，自然法と法実証，形式主義と実用主義，自由主義とマルクス主義，伝統と現代に関して，法の支配の領域で，これまでに語られていない分野はあるだろうか[2]。

＊　初出は，「清華法治論衡（第 2 輯）」清華大学出版社，2001 年。

1)　A.P.D' Entreves, *Natural Law: An Introduction to Legal Philosophy*, Transaction Publication, 1994.

2)　第 1 章 注 1) を参照いただきたい。以下の文献も有用である。T.R.S. Allan, "The Rule of Law as the Rule of Reason: Consent and Constitutionalism"(1999)115 L.Q. Rev.211; P. Craig, "Formal and Substantive Conceptions of the Rule of Law: An Analytical Framework"(1997) Public L. 467; R. Dworkin, "Political Judges and the Rule of Law" in *A Matter of Principle*, Harvard University Press, 1985; J. Jowell,

　しかし，筆者は，本章でなお新しい議論ができると考える。筆者は，「法の支配」はある種の文明秩序であると考える。文明秩序は，社会の政治，経済ないしは文化秩序の基礎をなすものであり，一種の根本秩序（meta-order）である。法を核心として確立された社会の枠組み，すなわち「法の支配」は，法文明秩序であると言える。法文明秩序は，人の知性を社会生活に映し出すが，同時に人の善という資質に対する懐疑でもある。法文明秩序，すなわち「法の支配」に向かうことは，決して理想社会，美しい社会，君子社会に向かうことではない。西洋において，それはある種の歴史の結果であるが，世界のその他の地域では，強勢文化の圧力によって仕方なく選択されたものである。

　それでは，我々は，いかにこの文明秩序を認識すべきであるのか。筆者は，やはり簡略化して，幾つかの視点を述べるしかない。おおよそ文明秩序を構成する要件には，概念，権威体系，制度及び秩序意識が含まれる。本章で中心をなすのは，法文明秩序の諸要件を仔細に検討することである。

　西洋の歴史に存在した2つの文明秩序は，宗教文明秩序と法文明秩序である。宗教と法の共通点は，人間の本性を源とする統治方法であり，西洋の歴史において相互に作用し，それぞれの時代に宗教をもって法を統治し，宗教文明秩序を形成したか，又は法をもって宗教を統制することで，法文明秩序を形成

　"The Rule of Law Today" J. Jowell & D. Oliver, eds., *The Changing Constitution*, 3rd ed., Clarendon Press, 1994; M. Oakeshott, "The Rule of Law" in *On History and Other Essays*, Basil Blackwell, 1983; M.J. Radin, "Reconsidering The Rule of Law" (1989) 69 Boston U. L. Rev. 781; J. Raz, "The Rule of Law and Its Virtue" (1977) 93 L.Q. Rev. 195; A. Scalia, The Rule of Law as a Law of Rules" (1989) 56 U. Chi.L.Rev.1175; J. Raz, "The Politics of The Rule of Law" in *Ethics in the Public Domain; Essay in the Morality of Law and Politics*, Clarendon Press, 1994; B. Scheuerman, "The Rule of Law and the Welfare State: Toward a New Synthesis" (1994) 22 *Politics & Society* 195; W.E. Scheuerman, "The Rule of Law at Century's End" (1993) 6 *Ratio Juris* 127; E. Weinrib, "Legal Formalism: On the Immanent Rationality of Law" (1988) 97 *Yale L. J.* 509. 国内の学者では，李歩雲，沈宗霊，劉海年，梁治平，張文顕，信春鷹，夏勇，高鴻鈞，呉玉章，江山，王人博ほかによる「法治」に関する論考がある。

してきたことである。この点で中国が数千年間一貫して道徳文明秩序の伝統を
貫いてきたこととは異なる。

　かつて繁栄したローマ時代を法文明秩序の時代とするならば，その後のキリ
スト教の誕生，ローマ帝国の崩壊から出現した皇帝による直接統治の時代は，
中世の暗黒時代であって，宗教文明秩序の時代ということになるだろう。11
世紀の教皇革命以後，ルネサンス，宗教改革，啓蒙運動及び産業革命などの一
連の激しい変革において育まれ，完全なものとなってきた理性を基礎とし，法
に基づく社会の枠組みは，法文明秩序の典型であると言える[3]。法文明秩序の
形成と発展の歴史は，神聖化から世俗化，理性化へと移行した歴史である。こ
の歴史は今日でも続いている。いわゆる神聖化とは，歴史上において人々が法
に神秘のベールを被せて，聖なる衣装を着せ，化粧を施し，皇帝及び正義の化
身としたことである。世俗化とは，皇帝の死以来，理性を法の源とする過程
で，実際上は西洋の近現代史の哲学・文化・社会の世俗化の一部を構成するも
のである[4]。理性化とは，様々な法の神話から解脱してきた思想のことで，こ
れは法に対する迷信又は偶像崇拝を捨て去り，異なる選択・道を探し始めるこ
とで，社会問題の解決に多様な方途を探ることを出発点とするものである[5]。

2

　一般に法文明秩序は，外向型，権利本位，規則重視，権威的文書を至上とす
る文明秩序である。それには，法の支配の理想をもって主導する権威体系，権
利と法を中心とする体系，司法制度を社会の根本制度とし，個人の権利及び法
を根幹とする文明秩序意識がある。法文明秩序は，ヨーロッパ大陸で萌芽し，

3)　伯尔曼［バーマン］（賀衛方ほか訳）『法律与革命』中国大百科全書出版社，1993
　　年。
4)　伯尔曼［バーマン］（梁治平訳）『法律与宗教』生活・読書・新知三聯書店，1991
　　年。
5)　私がここで主張したいことは，demystification であり，バーマンの Entzauberung
　　とは異なる。

米国で繁栄した。したがって，米国を例として法文明秩序の特徴及び状況を叙述するのが適当だろう。

(1)　権 威 体 系

　文明秩序における権威体系には，権威の象徴・思想・文献・解釈者・権威者及び機関が含まれる。道徳文明秩序の権威体系には，単一，専制的である一方，効果的であるという特徴があるとすれば，法文明秩序の権威体系は正反対である。法文明秩序の権威体系は，多元的，分散的で，必ずしも効果的ではないが，民主的な権威体系である。その権威の象徴には，自由の女神，法の女神，裁判官の法服などがある。一般的意義では，この象徴は，自由，統一，正義，客観であるが，米国人の目には，それらが引き起こす感動，快感，敬虔及びその他の微妙な感情は，いかなる異国人でも感化されないことはないと映る。憲法は，法文明秩序における権威的文書であり，聖書が宗教文明秩序における権威的文書であるのと同じである。米国憲法の7条からなる本文と27条からなる修正条項が，米国大統領の厳粛な宣誓と9人の高邁，無表情な最高裁判事の退屈で知的な弁論において威力を有するようになり，米国の政治と法秩序においてこれ以上ない権威となった。憲法が神聖的地位にあるがゆえに，その解釈者も裁判官もその価値を百倍にも高めている。彼らは，憲法の解釈に基づいて，無数の判例を簡略化，抽象化，原則化した憲法条項に具体的な生命を吹き込み，憲法の規定を権威的理想——すなわち「法の支配」——とし，一定程度までこれを実現した。

　「法の支配」は，当初は単に1つの理想でしかなかったが，後に文明秩序として発展してきた。ただし，この文明秩序と「法の支配」の理想との間には大きな隔たりがあった。ある種の権威の理想として，「法の支配」は多くの人が，自由，公正のために身を捧げる支えとなった。しかし，それは，結局はある種の理想，ある種の権威的理想でしかなく，絶対的な現実ではなかった。それによりある社会の法の現実を批判しようとするならば，公平性を失うことになる。換言すれば，今日の世界には十分に「法の支配」を実現している国は存在

しない。

　法文明秩序における権威機関は多元的であり，主に行政，立法，司法の三権分立により体現される。形式的ではあるが，この三権は並列であり，社会の重大問題の最終決定権は司法機関，すなわち裁判所に委ねられる。この点は，トクヴィルが早くから指摘していることである[6]。同時に，立法，司法，行政の3つの機関の中で，司法（訳注：最高裁判所判事）は終身制であるが，その他の2つの機関の官僚は走馬灯のように入れ替わる。このことは，すなわち終身制という意味において，判事のみが権威ある人物であるということであり，大統領を含めた行政官の権威は一時的であるということである。もう1つの権威ある人物は，学識豊かな学者，ある分野の専門家又は科学者である。

　このような権威体系自体が，民主多元的である。ここに見られる非常に意義のある問題は，民主主義は，権威的側面で既に体現されているものの，民主主義に熱心な人々は未だに体験をしていないということである。多くの人は民主主義について語るとき，往々にしてそれは権威と両立しないと言う。

(2) 概　　念

　法文明秩序において最もよく見られる言葉に，法の支配，民主主義，自由，権利，義務，正義，理性，財産，個人，契約，訴訟などがある。この言葉は，ほとんどが二面性を有している。すなわち，抽象的原理，概念又は価値としてのものと，具体的規則に分類されるものである。これは，道徳文明秩序における概念，例えば，天，道，陰，陽，仁，義，理，智，信などとは異なるものである。これがために，これらの原理の実現は道徳文明秩序の概念と比べて，相対的に容易なものが多く，比較的容易に規則化，手続化，制度化がなされる。換言すれば，人々は，規則をもって権利，法の支配，自由を具体化することができるが，一方で忠，孝，仁，義といった言葉を規則として，さらに具体化する術はない。

---

6)　Alexis de Tocqueville, *Democracy in America*, Alfred A. Knopf, (1945) Vol.1, pp.71-74.

この概念において最も重要なことは，権利と法であり，その基礎は理性にある。その基本的傾向は，理性を背景とする規則中心主義であると概括できる。これも「法の支配」を１つの概念とする意義において最も基本的なことである。

道徳文明秩序が人の欲望，利益追求などに抑制的態度をとるのに対して，法文明秩序は積極的に人々に利益追求を促す。個人の欲望の具体的表現（外部に表明された）は，権利である。そして，権利を享受する者の間では相互に義務を負うことになる。権利と権利，権利と権力の間で衝突が起こった場合には，法により調整する。このように個人の欲望，利益追求は，権利に転化し，法が権利を保護するという過程が，事実上の法文明秩序の出発点である。権利の主体は個人であり，個人の権利を強調することは，必然的に個人主義の風を大いに吹かせることになる。権利があってあることをなすということは，自由があるから行うということと同じである。そこで，権利は自由と同じことになる。人について言えば，権利は，すなわち自由である。物について言えば，権利は財産権ということになる。これゆえに，権利，財産，自由は相通じるものがある。

権利，財産，自由の間の相互関係は，個人の権利と他人の権利の関係，個人の権利と政治組織との間の関係と共通する面もあれば，矛盾，衝突する一面もある。この矛盾と衝突は，正義と不正義，平等と不平等の問題を生み出す。この衝突と矛盾を解決するためには，ある種の強力で，あらかじめ定められている統一的手段と手続きが必要であり，これが法と法制度ということになる。したがって，いわゆる権利，自由，正義，平等の実現は，完全に法の一身にかかっている。哲学思想において人々は，権利を超法規の位置に昇格させることを意図したにもかかわらず，実際には法の保護を受けた権利は，紙上に存在するのである[7]。したがって，西洋人が法を崇拝するのは，当然のことである。故にいつも人々が "Why not sue the bastard!" というのを耳にするのだ。

---

7) 自然法学派がこの権利観を持っている。

　法の概念は，法文明秩序の概念の中の 1 つの核心的概念であり，例えば，自由，権利と同様に，抽象的な価値と具体的規則・手続きという二面性を有している。一般的には，法は，規則及び手続きのことをいう。

　法の背後で真に作用するのは，理性である。人々が法規範に期待することは，規則を信じることが大衆の知恵の蓄積であり，人類の理性の反映であるということである。アリストテレスが「一人では感情的衝動のために誤りを犯すかも知れないが，全ての人が同時に感情的衝動によって誤りを犯すことはありえない」（アリストテレスは，中国の文化大革命で生じたことを予見していたわけではないが。）と言うのも，法制度が一般に客観的で整合性のとれた規範体系を成しているからである。法を信じることも，理性及び論理を信じることである。これは，同時に 1 つの価値判断を表し，また，理想的生活の可能性への憧れと肯定を表している。

⑶　制　　　度

　文明秩序における制度の源は，当該文明秩序における権威的理想と概念の基本的志向にある。上述したとおり，法文明秩序における権威的理想は「法の支配」であり，この概念の基本的志向は理性を背景とする規則中心主義にある。その制度も必然的に法の支配と法規範中心主義を取り巻いて展開される。したがって，規則を制定し，この規則を有効に実施することは，法文明秩序における制度を定める上で重要な点となる。専門の立法機関，司法機関，法執行機関及び法律家が生まれたのは当然である。弁護制度，陪審員制度，証拠調べ制度，裁判制度などが逐次発達してきた。米国の例では，議会を立法機関とし，裁判所を司法機関とし，警察を法執行機関とし，弁護士が弁護及び法律サービスを提供する。この要素が米国の法制度を構成し，同時にその文明秩序の基本的枠組みとなっている。

　規則中心主義の基本的前提は，規則は客観的であり，普遍的に適用され，主観的要素により干渉を受けないということである。然るに基本的事実は，ほとんど全ての規則に主観的要素があることである。したがって，規則制定及び規

則の執行上の主観的干渉を排除することが，重要な問題となる。これゆえに司法の独立，法自治などという概念が出てくる。西洋の法理学について誤解をしている人は，法の独立と自治の問題が理論家たちの当面する最大の難題であると考えるが，法の神聖化及び理性化が，この難題を取り巻いて展開しているのである。

　法制度は，法文明秩序における最も基本的な制度である。それの当該文明秩序における政治，経済及びその他の制度に対する影響は大きい。人は，通常，民主主義は実際には法文明秩序が政治において表明されたものであると言う。既定の法秩序及び規則による政治活動，法による処理は，民主主義の最も基本的なことである。それ故に人は，法の支配を「民主主義の管理者」，「国の魂」であると言う。

　法文明秩序における政治活動は，完全に規則化，手続化され，個人の人格は合法性と基本的には関係なくなっている。合法性の意味は，完全に合理化された手続きの合法性ということであり，具体的には選挙手続き，立法手続き，司法手続き及び政治参与などの面で表明される。官僚の選任は徳によって決まるのではなく，また才によるのでもなく，大衆の意向により決まる。支持者が多ければ，指導者となり，少なければ淘汰される。個人の人格の感化力と才能は影響力があるものの，決定的作用はしない。政治の規則化，手続化と同じく，法文明秩序における経済活動も規則化，手続化される。関係経済又は倫理経済と比べて，規則化された経済又は市場経済ということができる。経済活動は，純粋に利益を得ることを目的とし，経済活動の規則は，公開化，標準・合理化，規模の体系化がなされる。

⑷　法文明秩序の意識

　文明秩序の意識とは，権威体系，概念カテゴリー及び制度を含んだ文明秩序に対する認識のことをいう。この認識には強制によるものがあり，また，自由意思によるものもある。前者は持久しないが，後者は真の認識ということになる。ただし，この認識は当初は強制的なものであるが，徐々に強制を伴わない

ものとなる。例えば，新しい権威の出現は，当初はあまり歓迎されることはないが，反復して使用，調整されるに従って，徐々に人々に受け入れられるようになる。この過程において，重要な要素は，民衆がいかに文明秩序の情報と知識を獲得するかである。道徳文明秩序において，文明秩序の内容及び価値は，読書人及び官僚の宣伝と体現によって，民衆の意識の中にイメージがもたれるようになり，こうして道徳文明秩序に対する無知から熟知へと移行していく。その中で個人の模範的役割及び官僚の説教は相互に補完し合う。法文明秩序において，文明秩序の内容及び価値は，制度及び具体的実践活動を通じて普及する。例えば，裁判の公開審理，市民の政治活動への参画，個人による訴訟などは，ある意味で市民に教育の機会を提供するものである。ここにおいて，個人の模範的役割は機能しないが，宣伝教育の作用は過小評価できない。

　強制，手本，説得及び具体的実践活動を自ら体験する他に，また文明秩序の意識形成の方途への無視できない影響として，文学・芸術作品の力量により宣伝される概念，制度設計，又は権威ということがある。西洋の法秩序において，聖書及びギリシャ神話は，民衆に対して法文明秩序意識を持たせる上で非常に重要な役割を果たした。

　西洋人は，自らの法文明秩序は，敏感で感情豊かであると言う。このことは，聖書で神の律法を宣言する方法や，モーセがシナイ山で十戒をどのように得たかは言うまでもなく，古代ギリシャの偉大な戯曲でみることができる。例えば，ソポクレスの「オイディプス王」で我々はテイレシアスが自分のために「あなたは国王であるが，言論の自由の権利は全ての人に一様に与えられるものである。ここにおいて筆者は，私自身の主人である。」[8] と弁明するのをみる。これはなんとも強烈な権利意識ではないか。古代から法文学の興隆は，人々が法に親しむ道筋をつける。映画，テレビ劇及びニュースなどは，毎日人々に大量の法に関する情報を提供している。

---

8)　Sophocles, *Oedipus the King and Antigone*, Appleton-Century-Croft, Inc. (1960) p.18.

3

　指摘しておくべきことに，法文明秩序は，世界における文明秩序の１つに過ぎないということがある。アジアに目を向けると，歴史的にアジアにはかつて法文明秩序が存在したことはなく，明らかに異なる文明秩序があることを我々に率直に知らしめてくれる。この文明秩序において，人々が重視するのは，冷淡で理性的な法律又は利己的な権利ではなく，粘っこい人と人の関係，及びこの関係に対する適切な処理についてである。その概念には，人と人，人と自然，人と自己，及び人と社会の関係が含まれ，この関係を処理する基準が規定されている。その制度は，人を中心に確立された人間関係のネットワークである。その権威体系は，文書と制度を重視はせず，個人の道徳修養を重視する。生活はそのネットワーク内の人の中にあり，和睦をもって繁栄し，訴訟を恥とする。筆者は，この文明秩序のことを道徳文明秩序と言う。古代中国は，この種の文明秩序の典型である。

　さらに前述の２つの文明秩序と明らかに異なるもう１つの状況がある。これは，あたかも今日のイスラム諸国及び古代のユダヤ文化のようなものである。この文明秩序は，人事，神事のいずれも宗教的体系の中で理解され，処理される。人と人の交流，人と人の関係，人と自然の関係，人と政治社会の関係などは，いずれも宗教の烙印を押される。それが志向するのは超自然の王国である。その制度は，神への敬虔さで体現され，神の意志に従った行いにより可能になる。その権威体系は，天の主宰者及びその地上の代理人の手，すなわち書物とその解釈者の手に集中する。生活は，その中の人において存在し，生命の意義は救世主の来臨のための準備に委ねられ，又は来世に委ねられ，一切は神の意志によるのである。筆者は，この文明秩序のことを宗教文明秩序と言う。その最も典型的なのがユダヤ教である。

　この３つの文明秩序の間に承継関係はなく，上下関係もない。西洋人は歴史をもって世界を論じることが好きだ。マルクス，フォイエルバッハ，コント及

び後にスペンサー，トインビー及び私の良く知る伝統，現代，ポストモダンの分析モデルは，いずれも少なからず進化の意味合いを持っている。しかし，この3つの文明秩序の間に進化の承継はない。多くの人が法文明秩序を宗教文明秩序からの離脱であると考えているようだ。法文明秩序における基本的観点は宗教文明秩序から来たものであるからだが，宗教文明秩序が必然的に法文明秩序を生み出したことの証明にはならない。例えば，イスラム教と仏教は，今なお法文明秩序を生み出してはいない。では，西洋の歴史上で生まれた宗教文明秩序が，爾後に法文明秩序を生んだことは，いかに解釈すればいいのか。一般的解釈は，西洋の歴史上に存在したのは，「断裂」（rupture）であり，西洋の歴史のある時代に天地を覆す変化が生じ，これにより1つの文明秩序が別の文明秩序に代わったというのである。法文明秩序は，単に宗教文明秩序から資源を吸い上げただけで，決して宗教文明秩序の必然的な結果ではない。

　しかし，それぞれについて言えば，3つの文明秩序は，弱から強への過程があるようで，これを進化の過程とみることも可能であろう。3者の共通点は，人の本性が反映されたものであろうが，それぞれに発展過程及び基礎があり，それぞれに異なる形態がある。相対的に言えば，3者はそれぞれ「他者」である。道徳文明秩序は，宗教及び法文明秩序に対して「他者」であり，その逆も同様である。すなわち，この3者は相互に異なる類型の選択をしているということである。それぞれには上下関係もない。フランス文化と英国文化は，それぞれ異なる文化であるが，ある種同様の類型内にある。すなわち，法文明秩序における異なる文化である。英国文化と中国文化の関係は異なり，それは類型上も「他者」であり，これは絶対的な「他者」である。我々は，イスラム諸国の文明秩序及び中世のキリスト教の文明秩序を異なるものとみるが，しかし，それは一類型内の違いであり，異なる類型での「他者」ではない。

　それでは，3者の関係に上下，先進と後進の区別があるのか。この問題は，我々を人々が熟知している現代化の問題へと導く。仮に3者の関係に上下，先進と後進の区別がないならば，3者はいずれも発展し生存するはずであるが，なぜ宗教文明秩序と道徳文明秩序が過去のものとなり，今日において法文明秩

序に代わられたのか。市場経済，民主主義及び人身の自由を代表とする現代性，法文明秩序の現代性が，絶対的に優れているという価値観によるのか。仮にこの３者間に上下の別がないのであれば，宗教文明秩序及び道徳文明秩序を放棄したのは，論理的に必然のことで，一切の文化的抗争は保守主義の表現であるとみなされるのか。当然ながら，このことは非常に複雑な問題である。それとも絶対的，相対的な上下，優劣はないものの，局部的，相対的な優劣があるということか。あるいは基本的志向の優劣があるが，利用できる資源は排除しないということか。筆者は，３者の関係は人間の本性を反映するものであり，上下はなく，ただ重点とするもの，すなわち人生の意義と人生に必要なものとの違いがあるものと考える。人生の意義は，主観的であり，人の意識する世界にのみ存在し，それは人間の本性の向上，心性，知性及び魂の成長において表現されるものである。伝統的文明秩序（仮に我々が伝統という言葉を使えるとすれば），すなわち宗教文明秩序及び道徳文明秩序において，人生の意義は最も重要な問題である。この種の思考は非常に強力であるため，本性の育成と人の基本的ニーズは対立し，前者を重んじ，後者を軽んじることになる。したがって，宗教文明秩序及び道徳文明秩序には，非常に広汎に人生の意義をもたらす資源がある。人生に必要なことは，動物として持っている本能であり，人と動物が共に必要とするもの，すなわち，各種の感応の満足，財・富の追求などの物質的存在である。生命の意義が強調するのは，人の精神的存在及び本性の発展である。生命の意義の追求は，必然的に高尚な精神を作る。生命に必要なものの追求は，必然的に物質的なものとなる。法文明秩序又は現代化とは，その本質について言えば，生命に必須のものである。生命の意義は，利益追求，功利の追求の過程で埋没する。これは，現代化の代価である。しかし，現代化又は法文明秩序は，生命に必要なものをしっかりと人の知性と結合させ，知性を大いに発展させた。これは，称賛に値することである。生命に意義がないとすれば，物だけになり，人を動物の地位に落とすことになる。生命の意義は，生命に必要な物の上に存在するが，人が自らに必要な物に飽き足らないときには，人生は意義あるとは言い難いものとなる。換言すれば，人間の本性の発展

は，必ず人の生存を基礎とするときにのみ有効であり，これは自明の道理ではない。法文明秩序は，この一点で宗教文明秩序及び道徳秩序に優る。宗教文明秩序であろうと道徳文明秩序であろうと，生命の意義を追求するために生命に必要な物を犠牲にしては，その結果として空虚なものとなり，法文明秩序にその地位を譲ることになるのである。

　換言すれば，伝統文明秩序は必ずや法文明秩序にとって代わられる。ただし，法文明秩序は伝統文明秩序にその意義を与える必要もある。したがって，それらの間には依然として絶対的な善悪，上下関係はなく，ただ違いがあるだけである。伝統を放棄することなく，現代が必要とするものを手にするだけである。法文明秩序は，決して必ず道徳文明秩序を放棄しなければならないということを意味することはない。「法の支配」と「徳治」，「神による支配」も衝突するものではない。

4

　否定できない事実として，法文明秩序は，一種の強勢文化であるということがある。それは，世界を席巻している。この現象は，往々にして人々にその長所だけをみせ，その短所を無視させることになる。実際に法文明秩序の短所は，自明である。最も顕著であるのは，宗教，道徳及び人自身の運命にある。

　西洋の学術史上，主な問題はほとんど宗教と法の分野にその源がある。社会科学が提供するのは，研究方法と形式だけである。西洋の神学の発展及び法哲学の豊かさは，中国の歴史上の倫理学のそれと同じである。西洋の文明秩序は，宗教から法への大きな変化を遂げ，宗教学と法学の発達はこれに従っているからである。中国の歴史上，道徳文明秩序は一貫しており，宗教学と法哲学発展の機会はなかった。この違いが重要な点で，この違いを無視することは，中国と西洋の文明の根本的違いを無視するもので，比較研究の実質と方向性を把握できなくする。

　人々は，普遍的に西洋の今日の法文明秩序が宗教の土壌に深く根ざしている

と信じている。この見方は大方間違っていない。バーマンによる西洋の法と宗教の密接な関係に関する精緻な研究には説得力がある[9]。認めなければならないこととして，法の最高の源として理性を神に置き換えること，すなわち法の世俗化又は理性化は，西洋の法制史において確かに素晴らしいということがある。一部の西洋近代史で，法文明秩序の興隆と宗教文明秩序の主導的地位の衰退の歴史をみることができる。事実，宗教は，西洋国家，例えば米国で生活の中の地位及び影響において，大きく変わっている。憲法は政教分離を規定し，宗教は，政治及び移民国家の宗教の多元的傾向に干渉することはできず，いかなる宗教も米国で支配的地位を占めることはできない。しかも，日常生活，生産，営業，取引などは法により規律され，宗教はただ純粋に精神的追求及び信仰に寄与するだけである。様々な理由で，神職者が人々の心の中に占める地位も，医者や弁護士と比べることはできない。後者は常に人々の批評と嘲笑の対象になっているにもかかわらず。

　道徳に至っては，その運命はさらに悲惨である。西洋の文明秩序は，一貫して宗教と法が二元的に連動する中で発展してきたので，道徳はこの両者の谷間に存在するにすぎなかった。換言すれば，理性と信仰の発達により，感情と関係については黙念されてきたのである。我々が注意すべきは，西洋の倫理学自体には独立した研究対象及び概念カテゴリーがなく，神学の「善」と「悪」の観念をもって分析をするか，法学における「権利」と「義務」をもって仔細に推敲するかであって，独立した見識はないということである。その理由は，西洋には道徳文明秩序が形成されたことはなく，したがって，独立したカテゴリーで研究し，理論を発展させることができないからである。この点において，中国は異なる。中国だけが道徳文明秩序に関して複雑な人間関係を概念化，抽象化した。これによって倫理学に独立の分野を生んだ。しかし，遺憾であるのは，中国の古代文化は法学及び神学の発展に貢献をすることがなかったことである。

---

9)　前掲注4）に同じ。

　さらに重要なことは，この一元的文明秩序は人間の本性の全面的発展には不利なことである。それは，人間の知性の開発に楽園を提供することができるだけで，人間の心性及び霊性の育成の助けにはならず，もしくは無視さえする。純粋な功利的理性及び実用主義思想に確立された現代法制度は，個人の利益を至上とする現代人を育むのには適している。所有者の有無に限らず土地に労働を加えると，これは労働を加えた者の財産になる。この土地の占有とキリスト教の人に対する占有は似ている。常に「私」が「あなた」より重要であり，一切は自分の権利に反するか否かで取捨選択する。人生は，各種の関係と感情にあるのではなく，利害の衝突と細かい損得感情の中にある。歴史観がなく，道徳責任感もない。これらはいずれも法文明秩序の直接的な結果である。この結果を認識したとき，「法の支配」を提唱し，法文明秩序に憧れる人は，裨益される。知性及び法の上に完全に確立された社会は，法により支配される社会であり，それは多くの世俗主義的個人主義者を育てることができるだけで，本性の健全な人間を育むことはできない。

第3章

中国における人権条約の文化的意義*

1　は じ め に

　中国政府は，1979 年以来「女子差別撤廃条約」，「人種差別撤廃条約」，「拷問等禁止条約」，「経済的，社会的及び文化的権利に関する国際規約」及び「児童の権利に関する条約」（以下，「国際人権条約」という）を批准してきた。これらは，中国政府が国際人権条約に積極的態度で臨み，これら条約が履行されるように尽力することを表明するものである。しかし，いかにしてこれら条約を中国で貫徹執行するかについては，それらを批准するよりも難しい問題である[1]。人権保障の一般原則からすると，人権の定着には国家の正式な法制度による保障が必要であり，人権機関による監視と個人の人権意識との結合が必要である。

　権利は，法により作られるものではないが，権利の実現は法によりなされる。法なくしては，権利はいかなる実際上の意義も失う[2]。ただ，法の保障は，一種の外在的条件である。それは権利を保持している者に権利を行使する

　＊　初出は，梁治平編『法治在中国：制度，話語与実践』中国政法大学出版社，2002年。

　1）　この点に関しては，全世界の状況も同様である。英米も例外ではない。Dennis Lloyd（張茂柏訳）『法律的理念』聯経出版事業公司，1986 年，155-157 頁。

　2）　哈耶克［ハイエク］（鄧正来訳）『自由秩序原理』生活・読書・新知三聯書店，1998 年。

手立てを与え，これにより権利の可能性を実現させる。しかし，法の人権の保障は，規則及び制度を主たる形式としているので，法規及び法制度は，司法及び行政に生命を与えなければならない。司法と行政過程は，往々にして人により異なり，素質，平等，道徳修養ないし信仰が異なる司法官や行政官による規則及び制度の運用も時には驚くほどに異なる[3]。したがって，政府が制定した法規及び確立した法制度は，必ずしも人権をすんなりと実現することはできない。

　さらに歴史的事実が証明しているように，法規及び法制度の制定者——国家又は政府——は，往々にして無意識にある程度まで漠然と，又は無視し，さらにはあえて人権を踏みにじっている。したがって，国際 NGO や国内の人権監視機関を設立することが必要であり，緊密にある地域の人権の保護について注視し，正式な法による保護をしなければならないのである。人権監視機関は批判的な態度をとっているため，良いことをしても政府を悩ませることもあるようだが，このような組織は人権保護の理想を実現するために不可欠である。

　良好な法の保護メカニズムがあることに加えて，人権組織が絶えず監視を続けても，なお人権の定着を充分に保障することはできない。なぜならば，結局のところ人権は個人の権利であり，それは主に個人が人権意識を自覚することが前提としてあるからである。個人は，権利の所有者として，まず自己の権利について意識し，熟知しなければならず，そうすることで当該権利が侵害されることを理解するのである。仮に一人の人がある権利を有しているならば，この権利は確実に法形式により表現，保障されているものであって，当該人がこの権利に無知であるとすれば，当該人にこの権利は事実上存在しないと言える。これはあたかもバークレー及び王陽明の唯心主義による認識方法である。権利を定着させるという観点からすれば，このように問題をみることは間違っていないだろう。要するに，権利の定着には必ず正式な法制度による保障，人権団体の監視及び個人の権利意識の自覚の3つが揃っていなければならない。

---

3)　法実証主義者及び批判法学者の著述を参照。

このうち，最も困難であるのが 3 番目の問題である。

　権利意識は，現代西洋の文化であり，とりわけ現代自由主義文化の産物である[4]。近代以降，中国の知識人は，辛苦な闘争及び絶え間ない努力をし，人権意識を中国に移植してきた[5]。とりわけ 1980 年代以降，改革開放につれて法制度を再建し，多くの学者が研究をして，かつ世界の人権運動，西洋法理学及び人権哲学の最新の動向を紹介し，変化しつつある中国文化に権利意識を注入した[6]。この過程は，おおよそオークショットの以下の叙述にみられる。すなわち，「新しい精神的特徴は，新しい建築様式が生まれるようなもので，多くの異なる影響の圧力の下でほとんど無意識のうちに現れる。……我々が知覚できるのは，ゆっくりとした変化，よろめきながらの歩み，一歩ずつの歩みは，インスピレーションの起伏のように，そして，最終的に認識可能な新しい形として現れる」[7]という叙述である。

　これは，中国が国際人権条約を履行する上で直面している文化意識面での困難さを物語っている。この問題については，多くの学者が研究をしているので，筆者は，ここで若干の個人的な観点を述べるに留める。この問題に存在する難しさを明らかにするため，筆者はまず現代の世界の人権運動の発展及び中国で発現している問題について述べる。

2　世界人権運動と人権が中国において直面する問題

　世界の歴史上，2 回の大きな人権運動があった。1 回は 17，18 世紀の自然権

4)　呉玉章『論自由主義権利観』中国人民公安大学出版社（1997 年），林吉吉『権利的法哲学』山東人民出版社（1999 年）。

5)　夏勇『人権概念起源』中国政法大学出版社（1997 年），劉広京「晩清人権論初探—兼論基督教思想之影響」，夏勇「論和女士及其与徳，賽先生之関係」夏勇編『公法』（第 1 巻）法律出版社（1999 年）23-54 頁。

6)　沈宗霊『現代西方法律哲学』法律出版社（1983 年），張文顕『当代西方法学思潮』遼寧人民出版社（1998 年）。

7)　登特列夫［ダントレーヴ］（李日章訳）『自然法』聯経出版事業公司，1984 年。

運動であり，もう 1 回は 1940 年代以降の国連世界人権宣言に始まる人権運動である[8]。

　グロチウス，プーフェンドルフ，ホッブス，ロックらの自然法，自然状態，自然権及び社会契約論に関する論述は，17，18 世紀の自然権運動に理論的な根拠を与え，後に興隆した理性主義，個人主義，急進主義がこの運動の 3 つの主要な要素になった[9]。この時期の思想家は，自然状態において人は自由平等であり，人は生まれながらにして人権を有すると述べる。人の権利を実現するために，人は国家，結社を作り，社会に参与し，法はこうした人の自由権を保障する[10]。米国の「独立宣言」及びフランスの「人間と市民の権利の宣言」により，この運動はピークに達した。「独立宣言」は，政治宣言の形式で人権の理論を高め，一種の政治的主張となり，「人間と市民の権利の宣言」は国家の根本法，すなわち憲法の形式でまとめられた。このように人権は理論から現実へと変わり，観念は法律となった。19 世紀以降，殖民，革命，侵略戦争の暴風雨が世界に吹き荒れた。この激動の時局には，現実的かつ強力で，即効性のある理論を支柱とする必要があった。しかし，自然権論は，明らかに即効的精神を欠いていた。したがって，強烈な攻撃を受け，事実と理想を混同しているとの非難が浴びせられた。同時に，自然権論は，国家学論及び政治学論において過分に人類の理性を信頼するため，人類の重大な政治活動を漠然とした抽象的原理に服従させ，現実にそぐわなくさせるとされた。フランス革命の失敗もここに起因するという者もいる。自然権論は，三方を敵に挟まれ，歴史学派，実定法学派及び社会法学派から攻撃を受け，徐々に人々から忘れられた。

　第 2 回目に人権運動が盛んになったのは，第 2 次世界大戦以降である。ナチスドイツの残虐な行為が，戦後の人類に厳粛，真剣に人の尊厳及び価値について改めて考えさせた。法実証主義者は，ファシストの残虐行為に政治的，法的

---

8)　Paul Gordon Lauren, The Evolution of International Human Rights: Visions Seen, University of Pennsylvania Press, 1998.

9)　前掲注 7)。

10)　同上。

根拠を提供したとして非難されたが, ここから完全に生まれ変わることによっ
て復活した[11]。しかし, その影響は第 2 次世界大戦前には遥かに及ばない。こ
れと同時に, 自然法の理論もまさに各種の形式で復活し始めた。神学の自然
法, 古典的自然法及び新自然法思想が含まれた。自然法の復活は, 人権問題に
日の目をみさせ, 復活後の人権運動は人権の源を探究せず, 生命, 自由, 幸福
の追求など幾つかのカテゴリーに分かれた研究に限定されることもなかった。
それは, 終始慎重に現実的姿勢で, 無限大の包容力をもって人権の保障, 人
権の普遍化などに尽力した現実に適応できる内容であった。「国連憲章」及び
「世界人権宣言」など一連の規定, 宣言, 条約は, 復活後の人権運動が人権の
保障, 実施及び普遍化に尽力することを実現するものである。その後に続く地
域的な人権条約の出現, 及び人権内容の国際法分野における発展は, 人権の保
障に相当程度の可能性を与えるもので, 世界的に各種の人権団体を成立させ,
人権運動を促進, 発展させる上で重要な役割を果たした。ただし, 50 余年来,
世界的規模での人権状況に大きな変革をもたらしたものの, 今日に至ってもな
お多くの国で人権擁護, 生命の危機が叫ばれている。

　この 2 回の人権運動も一連の運動の 2 つの段階とみることもできる。概括す
ると, 17, 18 世紀の自然権運動は, 人権理論と人権の源及び基本的人権の範
囲などの問題を究明するものであるが, 今世紀の人権運動は実践, 人権保障,
人権の国際化, 人権の発展観を特徴とするものであるからである。しかし, 2
回の運動の違いも, この両者の前後の連関である基本的精神価値を覆い隠すこ
とはできない。この精神的価値は, 人の主体性, 個体性及び自由幸福に対する
確認など, いずれも人の解放という言葉で概括することができる。これらの価
値もまさに自由主義の主要な価値であると言える。一部の西洋の人権史も人の
解放の歴史である。ルネサンス, 教皇革命, 自然法運動は, 人々を神の桎梏か
ら解放し, 個人としての人間の独立した存在は, 反駁できない客観的事実とな
った。このことによって人権を追求することができるようになった。仮に人の

---

11)　Dennis Lloyd（張茂柏訳）『法律的理念』聯経出版事業公司, 1986 年, 85-104 頁。

主体性，個体性が承認されなければ，人権の訴えは無意味である。したがって，人権の実現には必ず人の解放が前提とされる。梁啓超が「変法必先変人」と表現したのは，おおよそこの意味である。

　上述から分かるように，人権の発展には歴史文化的背景があり，人権は西洋において自然に生成してきたものである。中国の歴史を回顧すると，その状況は大いに異なる。中国人が人権を追求した歴史は，わずかに150年しかない。ただ，今日まで官吏であろうと平民であろうと，人権は，大多数の中国人（とりわけ農民）についていえば，依然として神話のようなものである。その原因は，1つには中国人が人権を追求するときに比較的抽象的な意義においてこれを行い，一種の政治的道具としてこれを用いるからである。ただし，もう1つの面では文化的伝統の作用も無視はできない。康（訳注：康有為），梁（訳注：梁啓超）の時代から，我々は人権を論じ，袁世凱も人権を守ることを誓い，国民党も抗日，共産党鎮圧のとき，人権の旗を掲げてきた。しかし，今日の中国人の人権観念は，やはり非常に淡白である。なぜなのか。1つにはその無視することのできない重要な原因として，中国の伝統的文化に人権の観念がないことがある[12]。

　中国の伝統文化の中に人権の宝庫を見つけ出すことができるという学者がいる。筆者は，それは非常に大きな任務であると思う。歴代の非常に多くの知識人，賢人は人権という重要な概念になぜ目を瞑ってきたのだろうと思う。別の観点からすると，中国の歴史は悠久で，5000年の博大深遠な文化における思想，精神及び観念は，あまりにも多すぎるということである。手当たり次第にしても我々の知的欲求が満たされる。例えば，「権利」という言葉にしても，「漢書」に既に記載があり，「権利はなくとも篤実に厚い」，「権利者は権威を持ち，利を得るものなり」と書かれている。また，例えば，「疑わしきは罰せず」は，人道主義の寛容な原則であり，周の法原則である。ただ，それは必ずしも中国古代の人権観念とは同じものではない。我々はソポクレスの偉大な劇作

---

12)　梁啓超『法辨─中国法的過去，現在与未来』128-157頁。夏勇『人権概念起源』
　　第4章及び注，86-114頁。

「オイディプス王」で使われている「発言権」という言葉から古代ギリシャには普遍的に人権概念があったことを知ることができる[13]。筆者は，中国文化において人権概念を見つけ得る学者は，重点を「人」におき，「権利」の概念の重要性を無視しているからであると思う。彼らは往々にして中国文化における豊かな人文精神に感動し，人権概念の背後に隠された精神的価値を説明することで，両者を同等のものとしているのである。ここで無視されている非常に重要な問題は，現実的存在とその概念化の区別ということである。一種の社会的存在は，文化が異なること，歴史が異なることで，異なる概念化が行われる。例えば，「孝」という言葉によって表明されるのは，一種の社会的存在関係であり，人のいる場所でさえあればこのような関係が生まれる。しかし，この「孝」の観念は中国文化とユダヤ文化の中にのみ存在し，西洋の文化には「孝」という概念は存在しない。そうは言っても西洋人が彼らの両親に孝行しないということではない。西洋人も彼らの両親に孝行をするが，ただこれは「孝」の概念とは言えないものである。「孝」が表明するもの，「孝」の概念化の現実は，西洋でも存在し，ただ西洋人は「孝」という言葉を用いず，その他の概念カテゴリー，例えば「愛」としてこれを表明するのである。

　権利を義務と読み替えれば，また「君臣父子」も必然的に人権の契機となる。また，人文主義が人権の源にあるとすれば，四書五経は人権の大憲章である。これは必ずしも荒唐無稽とも言えないだろう。問題は，我々は誰でも中国古代文化の伝統から個人主義の伝統を考え出すことはできないということである。個人主義は，前述したとおり，近代の人権観念が生み出した三大思想の柱の1つなのである。近代の人権観念の産物は，個人主義，理性主義，急進主義を発展の前提としている[14]。この3つの主義のうち，中国で最も評価されたのは急進主義であり，それは中国大陸の農民の造反精神と融合し，盲動主義として禍根を残し，長く影響を及ぼしている。個人主義は，非常に早くして民族主

13)　Sophocles, Oedipus the King and Antigone, Tr. & Ed. By Peter D. Arnott, Appleton-Century-Croft, Inc., 1960, p.18.

14)　前掲注 7)。

義，急進主義，国家主義の波の中に埋没した。これは古代の伝統及び現代の伝統に共通することである。中国の古代において，個人が社会生活に参与することは，決して自分自身を代表するだけでなく，彼の家を代表するものであり，ときには犯罪さえも家族で責任を担うことが当たり前であった。これは近代の人権における個人の権利観念と矛盾したものである[15]。19世紀末の自然法学が中国に伝播してから久しい。中国でもかつて人権教育を普及させる運動が盛んになり，人権保護団体を研究し，その出現を訴えることもあった。20世紀前半には様々な利益団体を代表する国民政府も人権保護法規の制定をした。しかし，今日に至っても人権は中国で根付くことはなかった。このことは，確かに中国の近代史上で各種の政治運動，戦争，政権闘争などがあったからであるが，より実質的な理由は，中国の文化に人権というような概念がないことである。人権概念が中国に入ってきたときに，中国人に受け入れられなかったのだろうか。異なる文化間の衝突及び調和の問題は，まだ解決されていない。法制度の観点からは，依然として法の移植という問題として捉えられている。

3　文化意識における困難さ

⑴　法移植の困難さ

　法移植については，2つの考え方が重要である。1つは，普遍主義であり，もう1つは文化相対主義である。前者はアラン・ワトソンの理論に代表され，後者はオット・カーン・フロイントの理論に代表される[16]。

　ワトソンの理論の出発点は，法の基本は独立自主で，それ自身に生命があるというものである。法とそれが運用される社会環境には大きな関係はない。彼は，社会，政治又は経済の背景と司法システム及び規則の間には，確かで固定

---

15)　瞿同祖『中国法律与中国社会』，梁治平『尋求自然秩序中的和楷』。

16)　Alan Watson, Legal Transplants and Law Reform, 92 LAW Q. REV. 79(1976), Otto Kahn-Freund, On Uses and Misuse of Comparative Law, 37 MOD. L.REV. 1 (1974).

的，緊密，完全，又は必然の相互関係は存在しないと考える。法，社会，政治
又は経済の背景に上述の関係が存在するとすれば，法の移植は容易に実現でき
ることではなく，移植された規則が生き残る可能性もわずかしかない。しか
し，現実の歴史において法の移植が成功した例も珍しくはない。例えば，ロー
マ法は欧州で普及し，日本の刑法典はフランス法の移植である。法の発展に
は，移植も重要な方途である。

　ワトソンの理論によれば，法を移植することは，思想を移植することと同じ
である。移植で配慮することは，思想そのものであるからであって，この思想
とそれにより生まれた社会がいかに関連しているかということではない。異な
る法制度間のやりとりは十分に可能であり，2つの法制度の社会的背景，政治
的傾向及び発展の度合いが著しく異なる状況下でも，このやりとりは可能であ
る。それは，1つの法制度の改革者が別の法制度の中のある規則を自らの法制
度に有用であると考えれば，完全に当該規則を自らの法制度の中に移植するこ
とができるのと同じことである[17]。

　オットー・カーンフロイントの法の移植に対する見方は，ワトソンと正反対
である。彼は，モンテスキューの観点から出発して，1つの社会の法は当該社
会に密接な関係があることを認め，これを別の社会に適応させることの困難さ
を認識し，絶えず法とその生まれた背景を明確に分離する。彼は，法には独立
した内容はなく，法は社会の鏡であると指摘する。様々な問題は経済と社会に
より定められるとするので，彼の理論を「鏡理論」という者もいる。

　法の移植可能性の問題に関して，オットー・カーンフロイントは，全ての法
及び制度が移植できるわけではなく，法規は連続した統一体として理解すべき
であるとする。ある規則は社会・政治的背景との関係は比較的に弱く，ある規
則はとても強い。関連が弱いものは移植しやすく，関連が強いものの移植は難
しい。したがって，彼は，法制度の移植可能性には程度の違いがあると考え
る。法の移植に携わる人は，まず，移植しようとする法制度が生まれた社会的

---

17)　前掲注 16) Watson（1974）。

背景，政治的背景及び当該法規又は制度の全社会制度におけるロジックを把握していなければならない。次に移植する法規の社会政治的背景及びその作用する環境と移植を受ける国家の社会政治的背景及び環境を比較しなければならない。もし両者が近ければ，移植可能性及び成功の可能性は大きくなり，反対であれば可能性は小さくなる。換言すれば，ある社会において成功する法規又は制度でも，移植された場所で環境が変化すると，圧倒される可能性が非常に高くなる。しかしながら，法の改革者は一般に文化相対主義である傾向が強いものの，カーンフロイントの観点を意に介せず，比較的意欲的にワトソンの見方を受け入れる。彼らは法の移植に際して，当該法規が生む社会政治的背景及び移植可能性の程度について真剣に考慮することなく，唯一基準とするのは本国における必要性だけである。したがって，法の移植の実務的必要性が１つの重要な要素となっている。

　しかし，実際にはある国がいついかなる法を移植したがっているか，又は人々が必要性に異なる見方をしているか否かを知る人はおらず，問題は誰の観点が決定的な作用をするかにある。ワトソンは，この点に関して一家言ある。彼は，法の移植はその他の類型の移植のようにやり取りすることができ，主に受入側自身がそれを熟知し，又は関心があるかによると考えている。仮に受入側が法制度のある規則を熟知しておらず，関心がないならば，当該法規に多くの公正さがあり，また多くの人の利益を代表するものであっても，受け入れられるものとはならない。では，誰の観点が受入れに決定的な意味を持つのか。国家か。国家の意思及び関心は，法の変革の決定的要素であろう。国家は，法の源であり，執行者であると同時に，法を変革する任務も負っている。国家が法を制定しなければ，いかなる個人又は団体も法改革に参与することはない。国家は包括的政治実体として抽象化されるが，国家の意志は通常は政治指導者の意志として表明される。すなわち，もしある国において実権を握る政治指導者がある法規や制度の移植を受けたいと願うのであれば，この法規又は制度は十中八九まで受け入れられることになる。問題は，法に対する専門知識が必要であることだが，政治指導者，とりわけ変革中の伝統的社会における指導者

は，一般に法の専門知識を有していないことがある。したがって，彼らは，法
知識のある専門家を任命する必要がある。

　いわゆる専門家とは，第一にある領域又はある問題に精通した人であり，第
二に知識，関心及び観点がその専門分野に限られている人である。それぞれの
専門家には，いずれも限界があるので，政治指導者は彼らに情報を提供する
ために専門家集団に頼らなければならない。この団体は，法律界の精鋭であ
る。この精鋭集団の協力がなければ，国家は移植を受ける手立てがないことに
なる。また，国家の祝福がなければ，法律の精鋭たちも勝手に移植をなし得な
い。国家の意志は，法律の精鋭の関心に加えて，法移植の合法性に道筋をつけ
る。この道筋を通して，国家は外国の法制度から必要なものを抽出し，かつ，
本国の法制度を強化し，上位下達方式で実行をし，法移植の始まりから国家と
の緊密な連携を保つことで，国家の立法者及び法改革者の地位を確立する。人
権条約の履行に関して，中国の状況もまさにこのとおりである。人権条約への
調印を表明した中国政府の姿勢も中国政府が法を移植する選択をしたというこ
とであり，この選択は上意下達で中国社会と人民に強制された。この場合，強
制されたものであると，受け入れられるかという問題が生じる。この受入れ
の過程も文化の衝突の過程ということになる。

(2)　権利原則と関係原則の衝突と融合

　この衝突は，まず権利原則及び関係原則の衝突により表現することができ
る。権利の概念は文化的であり，その存在は法文明秩序の概念カテゴリーに入
り，現代西洋固有のものである。しかし，権利の基礎は，功利主義の合理性に
あり，功利主義の合理性は人が共有しているものである。故に権利は一定の普
遍的な意義を有している。現代人が，国家と他の個人の関係において自己のカ
テゴリー及びアイデンティティーを定義するために使用する言語が権利であ
る。権利意識は，人類の物質的存在を大いに改善し，人の生存の基本的条件と
なり，人としての資格となった。権利は，人が政治社会において生存する基本
的保障である。権利は，後天的なものであるが，剥奪することのできないもの

である。これは，人間が裸で生まれてくるが，裸では生きてゆけないというようなものである。生存のために人間は必ず衣服を身につけなければならない。同様の道理で，人間は生まれた時には権利がなくても，政治社会において生存する中で権利を獲得する。権利と人間の生存は，密接不可分であり，これがもし剥奪されるようなことがあれば，それは人間が衣服を脱がされるようなものである。

　権利原則は，現代法文明秩序における1つの原則であり，個人の生存の基本的条件を保障するものである。個人の生存には，必ず権利をもって図ることが必要で，権利は平等，自主的なものである。しかし，これは個人の生存の最も根本的な問題を解決するだけであり，全てを解決するものではない。なぜならば，人の生存は，結局は関係（人のつながり）に帰するところがあるからである。権利のある個人は，その他の権利を有する者と交わるときに，自身の権利を実現することができる。したがって，権利は，事実上は関係型のもので，権利の自主性は個人の独立性及び個人が権利において有する自主性を強調するだけであり，権利の実現は関係に依拠する。したがって，権利原則はもう1つの原則，すなわち関係原則との調整が図られなければならない。関係原則の核心的思想は，人の存在は関係性，相対性，互恵性があるということである。社会学者は，人の関係は，各種類型別に身分，役職などの概念で表せるとする。身分は人の社会関係における地位を示し，役職はこの地位における作用を示す。全てが揃っている人は，おおよそこの各種の役職の総和であるが，相互に矛盾する役職を担う人は永遠に不完全なままだろう。この関係において，個人の地位と役職は，総じてその他の人の地位と役職に相対する。すなわち，絶えずその他の人の地位と役職に基づき，その作用の大小もその他の人に相対し，その他の人の作用の大小につれて絶えず変化するものである。関係性の存在は，実際には一種の弁証的存在であり，互恵，排他的存在である。人と人の間の関係は，互恵的であるが，互いに排他的でもある。比較的理想的状態は，適当なバランスがあり，極めて高明で中庸であるのがいい。ここに我々は，中国の伝統文化の優位性をみることができる。いかに人権条約を実行するかは，この関係

及び状態の中で思考しなければならない。

　人の存在は，様々な関係の中にある。この関係は，非常に繁雑であるが，おおよそ幾つかに大別できる。すなわち，人と自分，人と人，人と自然，人と超自然の関係であり，この 4 つの関係は，人と様々に密接な関係を有しているものである。人と自然の関係とは，人格の形成と成長であり，人間の本性，霊性，知性の成長を含む。それは，人が様々な関係に入って行く基本的な出発点であり，人のこれら関係に対する態度を決定する。それは，各種関係の中で最も重要な関係である。比較的理想的な文明秩序において，このような関係のために全面的に成長する条件が提供されなければならない。人が演じる異なる役割に基づき，人と人の関係はさらに自然関係，準自然関係，仕事関係，取引関係，統治と服従関係などに分けることができる。自然関係とは，父母，子供，兄弟姉妹間の関係で，血族関係である。準自然関係とは，後天的，非血族的であるが，自然関係が有する特徴を持つ。例えば，夫婦関係，師弟関係，友人関係，神父と信徒の関係である。この種の関係の特徴は，利害関係にはないことである。それでも人々は，往々にしてこの関係について論じるとき，利害関係という言葉を使用する。仕事関係とは，人が利益を追求するために参入する関係であり，その特徴は利益を基礎とすることである。取引関係は，仕事関係と同じであり，利害を基礎とする。ただ，その利益追求が仕事関係よりもより直接的ではっきりとしている。統治と服従の関係も一種の非自然的関係であり，理性をもってのみ対処される。

　これらの関係において，自然関係及び準自然関係は，主に感情の基礎に確立されるので，理性によっては処理できない。母子の関係が感情によらず，理性・知性により束縛されるのであれば，自然は人類に美しく，高尚な本能に歪曲をもたらす。仕事関係及び取引関係は，この反対である。感情で処理することはできない。ただ功利主義の合理性により処理されるだけである。統治と服従の関係は，政治関係である。これは理性により処理することが最も重要である。人権の主な機能は，この関係について処理できることである。人と非自然的関係は，人の精神の問題で，感情及び理性によってはいずれも機能しな

い。この関係を仮に道徳又は法律により処理しようとするならば，隔靴掻痒に
なる。人と自然の関係は，基本的に人間の本性，知性及び霊性の３者が併存す
る関係である。それは，個人の感情及び本性又は知性のいずれにも代わられる
ことがなく，いずれの一方も全て直接的に関係があるのである。人々はある自
然の土地に労働を加え，自己の財産とする。それは功利主義の合理性に作用す
る。人々は大自然を謳歌し，母と呼ぶとき，人々の感情が現れる。人々が自然
を愛し，自然を崇拝し，草木，山水を崇拝するときは，霊性が作用しているの
である。人の自然に対する崇拝関係は，実際にはすでに自然を超自然と捉えて
いるのである。

　上述した若干の関係において，権利の作用は実際には非常に有限である。人
と自己，人と自然，人と非自然の関係において，権利はほとんど用をなさな
い。人と人の関係において，権利原則を用いることも，有限である。自然と準
自然の関係において，功利主義的合理性は適用されず，権利も基本的に適用さ
れない。権利と義務という言葉で父子，夫婦の関係を表現するのは，無効であ
り，かつ，人間の本性や人類の多くの素晴らしい感情に対する嘲笑及び悪ふざ
けである。事実，人々がこれらの関係の美しい部分について語るとき，往々に
して「慈」，「孝」，「愛」，「情」などのプラスイメージで形容する。人々が，父
子，夫婦の関係の権利及び義務について語るときには，往々にして父子関係や
夫婦関係の破綻をイメージする。

　権利原則が用いられるのは，仕事関係，取引関係及び政治関係など人と人の
関係，すなわち理性で処理する必要のある関係においてである。政治関係にお
いて，権利の運用は最も有効である。そうであるから，ヘンキンは，「人権は，
政府及び官僚に対する社会の正当な要求である。」と言う[18]。

(3)　精神文化と知性文化の衝突
　我々が問題をさらに突き詰めていけば，この種の衝突は実際には２つの文化

---

[18]　Louis Henkin（張志銘訳）「当代中国的人権観念：一種比較考察」夏勇編『公法』
　　　第１巻，81-102頁。

形態の衝突，すなわち精神文化と知性文化の衝突であることに気づく。精神文化とは，人情，関係，道徳を特徴とし，知性文化とは理性，功利主義，規則性を特徴とする。精神文化は，道徳文明秩序を育み，知性文化は法文明秩序を育んだ。道徳文明秩序において，人々が重視するのは，冷淡な理性的法律条文ではなく，連綿と続く人と人の関係であり，その概念には人と人，人と自然，人と自己及び人と社会の関係を含み，この関係の処理基準を定めたものである。その制度は，人を中心に確立されたネットワークに根ざしている。その権威体系は，文書と制度を重視せず，個人の道徳修養を重視する。生活は，人にあり，和睦により繁栄し，訴訟を恥とする。この文明秩序は，道徳全能主義に概括できる。法文明秩序は，民主主義や法治社会と称されるもので，その突出した特徴は，法が社会，政治，経済生活において揺るぎない主導的な働きをし，その価値は法治主義により統治される。最も重要な制度は司法制度であり，最も重要な権威は法の権威であり，生活の中で，人は非常に強い権利と法意識を持つことである。この文明秩序は，拝法教として捉えることができる。この 2 つの文明秩序にはそれぞれが明らかに異なる概念体系があり，我々がこの 2 つの概念を比べるとすれば，人権条約が中国にもたらした文化面における意義を容易に見出すことができるだろう。

　法文明秩序において最もよく見られる概念は，法の支配，民主主義，自由，権利，義務，正義，理性，財産，個人，契約，訴訟などである。この概念はほとんどが二面性を有している。すなわち，抽象的原理，概念，価値として，また，さらに具体的規則に分化できることである。このうち最も重要なのは，権利と法であり，その基礎は理性にある。その価値は，理性を背景とする規則中心主義として捉えることができる。道徳文明秩序は人の欲望，功利主義などを克服抑制しようとする姿勢を示すのに反して，法文明秩序は積極的に利益の追求を促す。個人の欲望は，権利として具体化（又は表現）され，権利の享受者間の相互義務負担ということになる。権利の間に衝突が生じたときには，法により調整を図る。こうして個人の欲望，功利主義は権利に転化され，法律の保護を受ける過程が，すなわち法文明秩序の形成の基本的方途となる。権利の主

体は人であり，個人の権利を強調すると，必然的に個人主義が吹き荒れること
になる。権利をもって事を行うことは，自由に事を行うことと同じであり，そ
こで権利は自由と同じことになる。人について言えば，権利はすなわち自由で
ある。物についていえば，権利は財産権である。この権利，財産権，自由とい
った概念は相通じるものである。権利，財産，自由の間の相互関係，個人の権
利と他人の権利の関係，個人の権利と政治組織の間の関係は，一致するところ
があり，また衝突する面もある。この衝突と矛盾は，正義と不正義，平等と不
平等の問題を生む。この衝突と矛盾を解決するためには，ある種の強く有力な
予め定められた手段と手続きが必要であり，これがすなわち法である。したが
って，いわゆる権利，自由，正義，平等などの実現は，全て法律の存在によ
る。哲学思想において，人々は人権を法律よりも上位に置くが，現実には法で
保障されない権利は，単なる紙切れでしかない。西洋人が法を重視するのはご
く自然なことである。国際人権条約が映し出す価値体系は，法文明秩序の基本
的価値である。

　中国の道徳文明秩序の概念と法文明秩序の概念は明らかに異なる。中国の道
徳文明秩序における主要な概念カテゴリーには，天，神，道，気，陰陽，徳，
仁，義，礼，和諧，譲，修身，悟などがある[19]。この概念カテゴリーには幾つ
かの特徴がある。まず，それらには比較的抽象的な原則があり，具体化および
制度化は難しいということである。次に，この概念カテゴリーには内面化及び
修身という傾向があり，重視していることは人と人の関係であり，個人の欲望
の追求及び満足ではないということである。統治手段において，この概念が表
すものは，説得，礼譲，和諧であり，訴訟，法の保護などではない。さらに，
この概念自体には一種の内在的和諧があり，これは法文明秩序における権利，
正義，法律などの概念においても存在する一種の本人自身の内部的和諧と同様
である。この２つの概念の間には一定の衝突と矛盾が存在することを認めざる
を得ないであろう。例えば，両者ともに外在と内在の問題の間の協調一致を

---

19)　張岱年『中国古典哲学概念範疇要論』中国社会科学出版社，1987年。

志向しているということである。この矛盾を調和することは難しい。例えば，「利」と「義」，「争」と「譲」などの基本的概念カテゴリーがそれである。

4　ま　と　め

　以上の叙述から，中国で国際人権条約を実行することには重要な文化的意義があると言える。中国の観点からすると，国際人権条約を実行する意味は，道徳全能主義，関係原則ないし精神文化の立場から出発し，拝法教，権利原則ないし知性文化に対して一種の開放的態度をとり，その中から実情に合った合理的部分を汲み取り，採用し，ここから中国の一元的道徳文明秩序を道徳—法型の二元的文明秩序へと移行させることである。

　国際人権条約の発展・完成の観点からすると，中国文化における関係原則及び相応の概念カテゴリーは，自由主義の改善のために，なお国際人権条約において体現される権利意識又はその不足を補うために参考となる座標を提供し，これにより権利の生成を各種の関係の中に組み込んで考え，絶対的価値から相対的価値へと転換し，理想の境地に向かうのである。

　この過程で権利原則に対する分析研究をするだけでなく，これを参考にすることで，中国文化における固有の関係原則について検討し，整理し，改めてその有する社会的作用を発揮させることができる。これは，二重の文化改造過程である。中国の伝統文化価値が現代社会において積極的作用を生む可能性があるとすれば，国際人権条約を実行すると同時に改めて道徳文化秩序における関係原則を認識させる適切な端緒となることである。

第4章

秩序と文明秩序

　文明秩序という概念について静的な叙述をする。文明秩序という言葉が使用されることがあるが，これは一種の分析モデルとしてであり，文字とともに生まれたものである。そこで，これを詳細に定義する必要があるだろう。それでも，ここでは概念を論述するにとどめ，現実の動向について叙述をすることはしない。換言すれば，本章の意義は，ただ文明秩序という概念を提示することをもって，関係者の参考に供することのみである。

1

　2点説明しておくべきことがある。それは，いわゆる自然秩序と非文明秩序についてである。この両者は，いずれも本章で検討する問題ではないが，文明秩序の概念を定義する上で概略を述べておく必要がある。

　季節の変化，生命の進化，これらは全て神秘的な秩序の手により支配されている。我々はこの秩序の創造者に対して，畏敬の念，悪意を持つか，又は無視するということがある。それでも時には，生命，世界，宇宙，万物が整然としていることを感得する。この種の我々が知らない創造者及び内部メカニズム，人の意志によらずに移転する秩序は，通常，自然秩序と言われる。全くの無知から明白な悪意まで，人類の自然秩序に対する探索は，まだあまり深まってはいない。なぜならば，最も明らかな悪意と全くの無知とは，基本的に変わりがないからである。地球の中心から太陽の中心に至るまで，ニュートンの運動

3法則からアインシュタインの相対性理論，さらに今日のカオス理論に至るまでが，明らかに影響を及ぼすのは，我々の感覚的世界観に対してである。自然秩序，我々の天空及び土地は依然として数千年前の天と地であり，我々がアインシュタインをニュートンより好むからということではない。

　古代世界の思想家らは，自然をモデルとして人の理想的秩序を確立することを渇望し，甚だしくは自然生活の模倣も，法の地，法の天，法の道，法の自然といった人生で最も神聖なことの追求であるとする。しかし，国の大小，山国か海国かにかかわらず，今日の世界において一国で自然秩序に近い秩序を確立している国はない。古代中国人は，自然法に始まり，道徳秩序で終わると言う。西洋人は，自然をモデルとし，最終的には宗教秩序及び法秩序が交代的に並存すると言う。人類学者と称される人は，原始社会は，生活は単純で，風俗も純朴で，住も風雨を避けるだけで，行いも自然に任せ，人事神事も明確な境界はなく，今日の我々に比べて明らかに自然に近いが，結局は自然とは言えないとする。

　純粋に詐欺，狡猾及び暴力で確立され，維持されている秩序は，非文明秩序である。その体現は，肉体の消滅によってもたらされる人間性の弱さに基づいたとき，残虐な暴力及び強権を隠すことはできない。人類が集団に至る過程で，強い力が精神を支配するときには，非文明秩序が生まれる。非文明秩序の下で，詩歌，音楽，文学芸術，哲学思想は極端に制約される。それは，それらの繁栄が究極的には束縛，奴隷制の精神バランスとして，非文明秩序の墓掘人になるからである。文明秩序と同様に，非文明秩序も権威及び制度を有しているが，これには共有の概念カテゴリー及び集団の良心が欠如しており，人民の承認を得られない。その主宰者は，刀と鞭を自己の統治のイデオロギーに利用し，この秩序における被統治者に対するが，一たびその力が弱くなると，反抗，文明の抵抗又は徹底的な謀反が出現する。否定できないことは，人類の歴史の大半は非文明秩序の過程にあることである。

2

　文明秩序について検討する。人と人，人と自己，人と社会及び人と自然の4つの関係を協調させるために，人々には基本的枠組みが必要であり，これがすなわち文明秩序ということになる。社会における統治と服従及び賞罰は，この枠組みから分離することはできない。その資源配分，物品取引，商品生産，ないし結社，教育，人に内在する修養，個人の信仰などもこの枠組みに依拠する。

　文明秩序の核心は，秩序にある。自由を好む人からすると，秩序はあまり心地良い言葉ではないが，秩序なき自由及び自由なき秩序は現実には存在しないということを否定することはできないだろう。秩序と自由，階級と平等，残忍と人道，貧困と富裕は，人類社会の最も基本的な二元対立である。我々が秩序を最も重要なものと見ることについては理由がある。これは決して専制主義者に与することではなく，実際には秩序なくしては自由，平等，公平，正義も人の欲望の乱流に埋没してしまうからである。専制主義者は，無秩序の状態においてのみ専制を行えるのである。

　歴史的にも多くの思想家が，秩序について述べている。しかし，東西の別なく，いずれも発達した完全かつ系統的な秩序哲学ではない。その原因は，文化による違いがあるからである。西洋には，2つの原因がある。第1に，西洋人が論じる秩序は，多くが神を秩序の創造者として，秩序の研究も神の研究になっているからである。秩序に関する学問は，神に関する学問である。したがって，秩序は，宗教学説の1つの分野であり，神から独立して存在し得ないということがある。第2に，秩序に対する探究の多くは，法と関係があることである。11世紀以降，西洋の法律は，宗教の初期段階でますます繁栄し，大気候となり，ついに宗教に取って代わる無上の地位に上った。一時，法の研究は，1つの神聖な世俗活動になったことがある。ここに法は秩序のもう1つの同義語となった。一方で秩序の研究は冷遇され続けてきた。今日まで，西洋人は，

秩序はすなわち法であるといわなければならないとし，法を尊重していない世界の多くの地方の生活はまだ秩序だっていないという。数百年来，西洋法哲学界は，旺盛に人材を輩出しており，流派も多く，古典と現代の競合の過程にある中で，西洋法学者の関心は法の神聖化から理性化へと移り，さらに離魅脱魔（正義論）に転化し，「法とは何か」という哲学的命題から「法は存在するのか」という現実的問題へと転換し，規則中心から裁判官本位へと変わり，その間にも変革と発展を遂げてきた。しかし，秩序の概念について詳細な分析が行われたことはなく，最近になってやっとこの空白の存在を指摘する学者が出てきたところである。

　中国でも事情は同様であるが，結果は異なるところがある。自然と倫理という中国文化研究の2つの大きな主題は，永遠に世俗的理性の支配から脱することができないことである。純粋に知識を求め，体系的な議論を行うことは，警句スタイルの教育・学修で肯定される。修身を重視し，理想的人格を追求すること，及び自然秩序との調和を追求することは，全て最終的に詩と哲学に満ちた人生の知恵に凝縮され，代々継承される。中国古代の多くの思想家は，全ての論理的関係を解明する責任を負っていた。ここで宗教哲学又は法哲学が，秩序を神又は法と同等とすることはないものの，それを道徳という枠の中にしっかりと冊封している。

　そうではあるが，以下で概略を叙述するとおり秩序には若干の特徴がある。秩序には規律性があるということは，秩序に対する最も一般的な見方であると同時に，その最も主要な特徴である。ある種の秩序は，複雑であるか単純であるかにかかわらず，おおよそ一定の規律があり，生死，発展の変化に道筋を見つけることができる。アリストテレスの言葉を借りれば，秩序は必然（necessity）である。ライプニッツは，秩序は理性の真理（truths of reason）であると言う。規律性は，すなわち知ることであり，知ることはすなわち予見することで，予見することはすなわち秩序のもう1つの特徴となる。人為的秩序についていえば，それは現代法治社会の特徴を持たない国家において，政権の運営，資源の分配及び商品取引は，おおよそ知り得る範囲内で行われる。軍人の専制は，人

の秩序における最も予見しがたいものであるが，そこに長期間に及び住んでいる人には，次の政変がいつ起こるかを予測することができる。

　統一性が秩序のもう 1 つの特徴であるという人もいる。プロティノスは，「理想的な形式は，異なる部分を一致協調させ，混沌を誠実な協力関係にまとめることである」（Enneads1. vi .2）と述べる。これはいわゆる統一であり，協調関係の基礎の上に統一があり，共通点を求めて，万物を 1 つに帰することである。現代の批評家らは，この点に強い異議を申し立て，彼らは複雑性（complexity）及び多様性（plurality）という 2 つの概念を持ち出して統一されている状態を軽視し，単一の秩序を重んじるだけでは豊かさ，多くの変化する社会生活を保証することができないばかりか，かえってその発展を阻害することになると指摘する。しかも，統一性はしばしば異なる意見，価値及び制度による特徴を抹殺する。したがって，とりわけ現代の高度に発達した社会において，統一性はいかなる秩序においても合法的特徴ではないということになる。当然に，統一性，複雑性，多様性の 3 者は必ずしも矛盾しているわけではない。仮に統一性がなければ，複雑性及び多様性は，混乱をもたらす。複雑性及び多様性がなければ，秩序は新陳代謝する力と資源がなくなる。ヘンリー・ジェイムズの個人と社会関係に関する鋭い見解は，統一性と他の二者との間の関係を表裏の関係としたことである。

　秩序のもう 1 つの特徴は階級性である。それは，秩序における行為者は，その規定の階級により，それぞれの職責を果たすことである。この意義において秩序は，序列，階級を意味する。人類は，自由平等という夢を求めるが，ここで天与の障害を排除することはできない。自由と秩序，平等と階級という組み合わせは永久に矛盾するもので，その立場を異にし，学説で対立する哲人をも一様に悩まさせる。ただ，現代の急進的思想家は，多少楽観的である。彼らは，秩序が完全に強化されれば，人々はこの秩序を改変又は放棄することで，階級をなくし，又は改革，革命など，状況によるとする。この観点は，常にユートピアのような理想であると攻撃され，学者が真剣，厳粛に捉えることはない。法秩序において，人々は法が人々の平等を希求するものと期待するが，し

かし，法そのものが作り出した不平等が往々にして法の下の不平等をさらに救済し難くしている。なぜならば，後者はただ単に形式的な不平等であるが，前者は実質的な不平等であるからである。仮に法秩序がなお階級をなくすることができないならば，宗教及び道徳秩序において階級がないと説法することはさらに難しい。秩序と階級は，正に人間の本性の善悪の関係であり，生来のもので，それを変化させることはできるが，なくすことはできない。

　ハイエクは，秩序は自発的，非人為的なものであると言う。彼は，人類社会は，人類の行為の結果であり，設計されたものではないとする。ハイエクのこの行為及び設計を明確に分ける方法は説得的である。それは，人の行為と計画は不可分であり，行為には目的があり，目的のない行為は単なる動作であり，行為とは呼べず，目的のある行為は必然的に計画が必要だからである。行いには考えがあり，考えにより行いをするという両者は一体であり，どうして任意に分離することができるだろうか。人類社会及び文明秩序の生成は行為か計画かの一方にのみ依存することは不可能である。ハイエクが強調した両者を分離することの真意は，計画の作用を軽視することで，計画経済に反対することにあった。

　文明秩序を構成する要素は多いが，主に4つの要素が重要である。すなわち，普遍的に認められる概念，この概念を体現する制度設計，概念の矛盾と制度の衝突を解決する権威及び集団秩序意識である。千百年来，人々は生産・取引，娯楽，交流などの各種社会活動の中で若干の共通認識をもつようになってきた。この共通認識は，まず散発的な思想と観念により表現され，ここから基本原則，又は道徳，法律，宗教として抽象化された。これらの原則は，反復応用され，最終的に制度として定型化された。普遍的に認められた概念及びその制度化後の結果，文明秩序の支柱が形成された。しかし，この文明秩序において公平な取引を保障し，強者による弱者からの搾取及び富裕と貧困の関係を調整するには一種の強力な力が必要である。この力は，権威である。いかなる文明秩序への直接参与者でも，能動的であるか又は受動的であるかにかかわらず，一般市民は，普遍的に認識される概念，制度，権威による保障を有してい

る。市民に当該秩序に対する意識が欠如していると，この秩序は文明秩序とは言えない。故に，文明秩序には秩序意識という重要な要素が含まれるのである。

この4者の関係は，複雑に錯綜し，多様に変化しているが，結局は先後の問題で，大きな論争がある。権威主義者は，権威が真っ先にあり，権威があってこそ秩序があると言う。すなわち，社会の安寧，経済発展は，いずれも権威をもって移転され，権威により制度を確立され，共同で認許する概念カテゴリーを創造し，さらに上意下達することで，市民にこの概念カテゴリー及び制度を受け入れることを強要することによりなされると言うのである。制度主義者は，制度が真っ先にあり，権威は制度に基づきもたらされるもので，概念は制度により体現されるもので，制度がなければ，一切は空虚であると言う。価値中心主義者は，一種の秩序ないし若干の価値の体現，権威と制度は価値の反映ではなく，両者の利害は最終的に一定の価値により判断されるべきであると言う。集団主義者は，集団の意識は権威及び制度よりも高次元であり，権威の意志と制度が集団の意識に反する場合には長期にわたり存在できず，普遍的に認められる概念も集団の意識を基礎としていると言う。実際にこの4者の関係の異なる理解は，しばしば独裁と民主主義の心理意識として反映される。

文明秩序は，人類文明の産物であり，その創造者は人である。したがって，文明秩序を理解することは，人に対する理解から離れることはできない。人の相互関係を有するが，境界が不明瞭なもの，すなわち心，霊，脳の3つの属性が対応するとき，3つの秩序が生まれ，それぞれが道徳秩序，宗教秩序，法秩序に分かれる。感情は心から，信仰は霊から，理性は脳から生まれ，道徳は感情に訴え，宗教は信仰に訴え，法は理性に訴えるものである。3者は，人類文明秩序の確立と発展にとって主要な要件である。理想を言えば，3者が文明秩序に統一されるとき，この文明秩序は，完成された文明秩序となり，三元文明秩序と言われるものとなる。しかし，今日までの人の秩序，例えばイスラム諸国のような宗教の偏重，又は古代中国及び朝鮮のような道徳崇拝，又は欧米諸国のような法崇拝は，基本的に一元的文明秩序である。一元的秩序は，健康な

秩序であるが，理想的秩序ではない。それは，一元的な人を輩出することになり，これはまさにマルクーゼが工業社会を批判したときに指摘したところのものである。

　宗教秩序において，政治，経済，文化及び社会生活の各分野は，宗教教義及び原則的規範の中にある。神は，概念カテゴリーの創造者，制度の設計者として，世界の本質及び生命の源泉に対して最終的な権威を有し，自由と公平の追求は完全に神に対する服従に託される。「主敬」「契約」「救済」「贖罪」「盲目的崇拝」などは，最も基本的な研究カテゴリー及び行為価値である。道徳秩序において，社会は通常，年を追うごとに積み重ねられる道徳原則により自己を弁護する。社会の安定を維持するため，個人の望み，集団の文化創造，及びその他の社会活動は全て倫理道徳の範囲に納められる。道徳秩序は，人の欲望に対して，抑制的態度をとり，修身・克己を説き，紛争解決・和睦を最も理想的な社会状態とし，道徳を最高の権威とする。人々の行為を研究し，指導する主な概念には，「忠孝」「仁義」「礼譲」「中庸」「和」「信」などがある。これと反対に，法秩序は，人の欲望，創造性及び生産力に対して，寛容な態度をとり，人々は率直に自己の利益を追求する。個人の欲求は，権利の表現として具体化（外面化）する。権利を保障するためには法律が必要であり，法律が最終的な権威とみなされる。「権利」「義務」「法治」「権利侵害」「合法性」などが法秩序の概念カテゴリーを構成する。

　4つの状態には必ず区別すべきことがある。すなわち，整然とした秩序，非秩序，無秩序及び混乱である。文明秩序内部で協調があり，その環境の中で生成され，常に運用されているものと一致している状態が整然とした秩序である。これは，2つの条件を満たしている必要がある。第1に，文明秩序における概念，制度設計，権威及び集団秩序意識がまず一致している必要があり，内部で矛盾のないことである。第2に，文明秩序が必ず日常生活の中で適応されていることである。秩序内部の不協調，又は秩序のある一部としきたりとの矛盾があるときには，非秩序が現れる。非秩序の前提には，秩序があることがあり，これは無秩序とは異なる。無秩序は，社会の基本的枠組みが崩壊している

が，この枠組みの中に形成された社会のしきたりがなお存在していることである。この社会では最終的な権威に疑いがもたれ，共同の価値がすでに崩壊し，民衆の意識も曖昧となったとき，無秩序が現れる。無秩序は，偶然の統治が行われ，混乱に向かう可能性を秘めているが，混乱には至っていないものである。この社会では，権威が失墜し，価値が崩壊し，制度が衝突し，しきたりが失調しているときであり，この社会は混乱を生む。混乱は，文明秩序の終わりであり，暴力革命，謀反又は重大な自然災害を生む。混乱は，新たな文明秩序の形成，非文明秩序へと向かう可能性がある。

3

　文明秩序は，文明とは異なる。文明を枝葉も果実も多い大木とすれば，文明秩序は幹と枝だけの木である。木の根は葉や果実の元であるが，根が葉や果実になることはない。音楽，舞踊，建築，芸術ないし飲食の道は，文明の花であり，文明秩序の産物であるが，それは資源配分，賞罰の類とは全く異なる。文明秩序は，一種の文明のおおよその輪郭で，我々が冬に目にする木のようなものである。

　文明秩序は，文明国家とは異なる。文明国家とは，政治地域の概念であり，文明秩序における決定的要素は，地域及び民族ではなく，異なる民族と地域は共通の文明秩序を共有することができる。すなわち一般的意味での文化圏である。ルソーの「文明国家」（訳注：政治体・文明社会）とは，人々が一度契約を結び，自然状態から脱した国家のことをいう。文明国家において，理性に基づく公正さは，本能の反応に代わる。個人は若干の自然権を犠牲にしなければならないが，これにより心が開かれ，道徳を昇華させ，文明の自由を得ることができるのである。文明国家は，愚鈍な生き物を聡明な人に変え，かつ道徳的自由を付与し，それを真に自己の主人にする。契約がなければ，ルソーの文明国家は表現し難く，その改造作用も消えて無くなる。文明秩序の概念は，決して契約を必然的条件としてはおらず，またその改造作用も吹聴していない。間違

いなく言えることは，文明秩序は，無意識に個人の知識獲得の方途，世界観の形成及び内面の成長を制約するが，その基本的な人間の本性の改造作用には限度があるということである。そうでなければ，人類の数千年の歴史における文明の薫陶は，なぜ今まで人間の本性の中にある醜悪な要素を取り除けていないのだろうか。

　文明秩序と文明社会は，容易に混同するので，説明が必要だろう。西洋の政治社会において，人々は主に2つの意味で「文明社会」という言葉を使う。アリストテレスの「都市国家」，アクィナスの「文明の地」，ホッブスの「文明社会」，ロック，ルソーの「文明国家」は，いずれも似ている。そこで，古典学者の関心は主に人文と自然の対立にあった。この意味で「文明社会」は，人類があらゆる政治的権威から解放されているという自然状態から脱し，集団生活の状態に入ることである。ヘーゲルの「文明社会」の意味は比較的に狭い。ヘーゲルは，「文明社会」は自然状態に対応せず，人類が創った政治社会，すなわち国家に対応するものであり，それは家と国家の間に中間に位置すると言う。しかし，ヘーゲルは最終的にこの中間地帯が一体何であるのかについては述べていない。マルクスは，ヘーゲルの観点を継承し，家と国家の間には確かに中間地帯があるが，この地帯は，生産力と生産関係を内在する経済的基礎とは同じであるという併存論を主張し，問題を一層複雑化させた。現代の東欧の一部学者は，「文明社会」は社会における「私」の範囲又は自由主義，資本主義国家と同義語であると言う。

　上述の文明秩序に関する論述から分かることは，文明秩序の概念は狭義の「文明社会」の意味とは非常にかけ離れており，混同することはないが，古典的意味における「文明社会」の意味とは比較的に近く，区別が難しいということである。両者の間の最も主要な違いは，文明秩序はただ社会の基本的枠組みだけを指すが，「文明社会」は基本的な枠組みを含むだけでなく，全ての人の社会における活動に関わる側面，例えば，人口の増加，文化の創作，精神の寄託などを含むものであるというところにある。文明秩序の研究も秩序の観点から着手し，「文明社会」に対する研究をすることであるとみることができる。

第5章

熟議民主主義と結社の自由[*]

1 はじめに

　本章は，熟議民主主義と結社の自由に関する問題について検討をするものである。熟議民主主義には市民の積極的な参加が必要であり，一方，市民の効果的な参加の実現の可能性は，様々な利益を代表する社団組織の有無及びその発展に依拠しているというのが基本的な考え方である。結社の自由は，社団組織の存在及び発展の前提である。したがって，市民参加を促すためには，まず，市民の結社の自由を保障しなければならない。結社の自由の目的は，人民主権の思想を貫徹し，市民の参加を通じて政府の管理体制の最適化を図り，民主主義の進展を促進することである。結社の自由の保障と良好な社会的及び政治的秩序の維持は矛盾するものではない。現在，諸外国では，結社の自由に対して積極的な姿勢が示され，憲法や法律において，結社の自由を保障する規定が設けられている。以下，本章において，序論及び結論のほか，制度と政治，政治の補助性と熟議民主主義，熟議民主主義・市民の参加と結社の自由及び結社の自由に対する憲法上の保障の4点について簡潔に検討する。

---

[*]　本稿は，2003年10月，中国社会科学院法学研究所が開催した「社団をめぐる法律環境」（社団的法律環境）をテーマとした国際シンポジウムにおける筆者の報告に加筆したものである。

2　制度と政治

(1)　主体的な制度

　制度は文化の産物であり，人々が自らの必要に応じて絶えず模索し討議を行い，実践するなかで確立されたものである。また，人間の本性の外的条件に対する反応でもある。人間の本性は，心性，知性及び魂に分かれる。心性は人の感情の源であり，知性は人の理性の王国であり，魂は人の信仰の神殿である。この３つの本性は，次の３つの類型の制度を産み出した。心性と関連するのは家族制度であり，知性と関連するのは裁判であり，魂と関連するのは教会又は寺院である。家族，法廷，教会といった３つの制度は，人間の本性と密接に関係しているため，最も基本的かつ主体的な社会制度である。

(2)　道具としての制度

　人間は社会的動物であるため，他者との共同生活を必要とする。その結果として社会生存環境の問題が発生する。文明的な社会生活には秩序が必要であり，社会生活秩序の必要が政治，経済，軍事等の制度を産み出してきた。家庭，法廷や教会といった人間の本性に直接的に関わる制度に比べ，政治，経済，軍事等の制度は道具としての色彩が強い。これらの制度は，人類の制度の主体でもなければ根源でもない。これらの存在は，主体的制度に寄与するものであり，二義的なものである。しかしながら残念なことに，人の権力欲，財産欲，支配欲のために，これらの道具としての制度が主体的な制度を僭越し，人類社会制度の主流となった。人々は，こうした制度に対する追求とそれを作り出す過程において主体的な制度を見失い，さらには自分自身をも見失った。その結果，現代社会においては，人々にとって最も重要である家族制度，裁判制度及び教会制度が，政治制度，経済制度や軍事制度よりも劣る存在になってしまっている。

(3) 補助的制度

　主体的制度と道具的制度は，社会制度の主要な構成部分である。しかし，両者の間にはなお第3類の制度，すなわち前2類の制度の間に位置付けられ，補助的作用をする制度がある。これは，前2類の制度には包摂できない制度である。例えば，市民の間で自発的に結成された集合体，専門的組織，NGOなどである。伝統的な政治理論においては，これらの制度はいわゆる市民社会のカテゴリーに分類されている[1]。しかし，市民社会という概念は数世紀前に創られたものであって，もはや現代社会における様々な社会組織や団体の実際の姿を正確に描写できなくなっている。学者は，市民社会の定義を無限に拡大するために多大な努力を試みたものの，やはり社会組織の変化と発展に適応できないでいる。

　このような3つの制度に対する人々の理解は，主体的制度から道具的制度へ，さらには補助的制度へという段階を経てきた。原始時代，人々はまず主体的な制度について認識していた。なぜならば，主体的制度は人間の本性をもっとも直接的に体現するものであり，最も古くから存在した制度でもあったからである。原始社会においては，家庭，法廷及び教会があれば，人々の生活にはよりどころがあって，社会秩序も保たれた。その後，国家，階級，専制主義などが出現するにつれて，人々は道具的な制度に注意を向け始めた。社会生活がますます複雑化するなかで，主体的制度と道具的制度は，明らかに多種多様な社会関係を制御できなくなった。そうしたなかで，絶えず変化し複雑化する社会に適応するための第3類の制度としての補助的制度が徐々に形成された。このプロセスを漸進的進化のプロセスと見ることもできる。ただし，このプロセスは，必ずしも低次元から高次元へと進化したものではない。

---

1)　以下を参照。John Ehrenderg, *Civil Society: The Critical History of an Idea*, New York University Press, March 1999; Don E. Eberly(ed.) *The Essential Civil Society Reader*, Rowman & Littlefield Publishing(via NBN), October 2000; Simone Chambers & Will Kymlicka(eds.) *Alternative Conceptions of Civil Society*, Princeton University Press, 2001; Robert D. Putnam, Bowling Alone: *The Collapse and Revival of American Community*, Simon & Schuster, 2001.

この第3類の制度に適合する形で，3つの類型の政治，すなわち主体的制度としての政治，道具的制度としての政治，補助的制度としての政治が形成された。主体的制度の政治とは，家庭，法廷及び教会をめぐって展開される政治である。歴史的にみると，家族政治，氏族政治，皇権政治，神権政治などがこの類型の政治形態である。道具的制度の政治とは，政治制度，経済制度などをめぐって展開される政治のことであり，官僚政治，共和政治，民主政治，選挙政治などの形式で現れる。補助的制度の政治とは，各種制度の中間に位置づけられる制度からはじまった政治であり，NGO，専門団体，各種市民団体などが主体となって参加する政治がこの類型の政治に属する。

人類の歴史は，主体的政治，道具的政治を経て，現在は補助的政治の時代に突入している。歴史的視点及び民主的観点からみると，多くの場合，主体的政治は主に専制政治であり，道具的政治は民主的政治であり，これに対して補助的な政治は民主的政治をさらに発展させたものである。専制政治が独裁であるとすれば，民主的政治は代議制として行われ，補助的政治は市民参加を通じて行われる。

3　補助的政治と熟議民主主義

熟議民主主義という概念は，比較的早い時期にロールズの理論のなかで提起されていたものの，1996年にハーバーマスが『事実性と妥当性』を公刊して以降，この概念が政治学研究における新しいパラダイムとなった[2]。これは，民主政治の伝統的なモデルに挑戦し，民主主義に対してプログラム的に理解することを提唱するものであった。これによれば，民主主義とは，少数派が多数派に服従するという単純な問題として理解されるものでもなければ，また，政

---

2)　熟議民主主義について，以下を参照。Habermas, J. *Between Facts and Norms: Contributions to a Discourse Theory of Law and Democracy*, trans, W. Rehg , MIT Press, 1996; Rawls, J., "The Idea of Public Reason Revisited," The University of Chicago Law Review, Vol. 64, No. 3, pp. 765-807.

治団体によって独占されるものでもない。民主主義は，議論型で，交渉型で，コミュニケーション型であるべきである。民主主義は，利益集団間の闘争であってはならないし，また，民主主義の重要性は，有権者が自らの利益確保のために設けた基準によってはならない。民主主義は，市民と市民の間，市民と政府の間で，全社会にとって最も有益な問題について，開かれた議論と協議を行い，これを意思決定の基礎とすべきであると提唱される。

　熟議民主主義については，学者の意見が分かれているが，評価できる点として次のことがあげられている。第 1 に，参与者に対して自由に話す機会を提供できることである。すなわち，参加者や意見を述べた者の地位や身分，さらには代表している利益について忖度することなく，参加者が平等でかつ誰にも干渉されずに，議論をすることを通じて最も説得力のある視点を見つけ出し，それを意思決定の基礎とすることである。第 2 に，議論の過程で様々な観点を取り入れることである。すなわち，様々な意見に対して公平な態度及び基準で判断をすることで，個人の利益のみを代表した説得力のない意見は排除され，他方共通の利益のためにコンセンサスが得られる方策を見つけ出すことである。討議を経て排除された見解の立場からしても，このようなやり方は比較的公平なものである。なぜならば，自分たちの見解が受け入れられなかったのは，権力によって，もしくは議題から除外されたからではなく，最終的に受け入れられた見解に比して，議論において説得力に欠けていたためと考えられるからである。第 3 に，熟議民主主義は人々に学びの場を提供することである。すなわち，自分の意見を述べたり，他人の意見を聞いたり，また交渉の過程に参加したりすることで，個々人の参加意識や理解力，さらには知識の向上にもつながる。このような社会教育機能は，熟議民主主義の大きな特徴である。さらに，熟議民主主義には，地域的民主政治の限界を打ち破り，一般市民に対して公共の意思決定に参加する機会を増やす潜在力もある。

　これに対して異なる見解を唱える者は，次のように指摘する。すなわち，熟議民主主義は，市民の参加能力及び討議能力を過大評価している。全ての市民及び政治家が，個人の利益よりも集団の利益を優先させると考えるのは単純す

ぎる。さらに，実際に協議や対話などが制度設計にほとんど役割を果たすこと
はない。いつでもどこでも権力の偏りがあり，経済格差やその他の制約要因が
大きい現実の世界では，協議や議論が政治的意思決定において実際に役割を果
たすことはできない。また，熟議民主主義を提唱する観点の全てが普遍性と合
理性を前提としているのも問題点として指摘されている。すなわち，ますます
ポストモダン化する社会においては，より多くの潜在的なことを引き起こすた
めには，より多くの前提条件が必要である。さらには，多元的な社会におい
て，異なる団体には異なる文化的背景が存するため，全ての人が新カント派的
な批判的理性を持っているわけではないのである。

　熟議民主主義には，ある程度の非政治的な意思決定，ないしはある程度の
地方分権が必要である。プリンストン大学のフィリップ・ペティット（Philip
Pettit）教授は，交渉のレベルでは，程度の差はあるものの多くの事柄につい
て非政治化，すなわち，意思決定権限の一部を政府から非政府の人員に移譲す
ることが必要であると言う[3]。彼は，全国民が国の管理に参加することは現実
的でないため，現代の政府は代表制を採用しなければならないと指摘する。要
するに，各代表は選挙で選出されるため，彼らには各自が代表する選挙上の利
益が生じる。そして，このような選挙上の利益により，必然的に，選出された
代表者は特定の問題に対して傾斜的な決定をすることになる。このような，選
挙が利益団体や利益関係に左右される事態を避けるために，議会は，特定の問
題に対する意思決定に際し，議会又は政府のメンバーが意思決定に直接参加す
るのではなく，専門委員会に委ねるべきであると言う。例えば，刑事政策の厳
格さの問題に関して，議員たちは，自分自身が選出又は再選出されるために必
ずしも合理的でない態度で臨み，重い刑罰又は軽い刑罰を主張する可能性があ
る。このような問題を防ぐためのより妥当なアプローチは，意思決定の非政
治化を図ることである。すなわち，議会は，刑事問題に対する研究について，
様々な団体や関連分野の専門家で構成される特別委員会を任命して実行可能な

3)　Philip Pettit, "Depoliticizing Democracy," Associations Journal for Legal and
Social Philosophy, Vol. 7, No. 1, 2003, pp. 23-36.

施策を提示してもらうことがより適切なやり方である。一方，国会はこのような専門委員会に対して最終的な決定権を持つが，この決定権の意味は，最終的に承認を行うということであり，決して決定内容の形成過程及び具体的な運用問題に介入するものではない。簡単にいえば，例えば公共生活の領域の問題について議論を経て意思決定するに際して，多かれ少なかれ公共政策の意思決定における非政治化を図らなければならないということである。このことは一見，民主主義の理想と矛盾しているようにも思われる。しかし，民主主義について，これを単なる集団意思の強化であると理解するのではなく，それを公共理性の強化，及び公共政策をめぐる意思決定における人々の慎重な考え方の強化であると理解すれば，非政治化と民主主義の理想は矛盾しないのである。民主主義の重要性は戦争に匹敵する。すなわち，戦争が少数の将軍に頼ることができないことと同様に，民主主義は少数の指導者にのみ頼ってはならない[4]。

　ペティットは，主に意思決定の観点から公的意思決定の非政治化の問題を分析している。しかし，視点を変えてみると，熟議民主主義とは，単なる地方分権化や非政治化の問題ではなく，それは補助的政治の始まりでもある。これが必要とされるのは，道具的政治には大きな限界があるからである。すなわち，道具的政治は，市民主権的な思想を充分に反映できず，また，市民の利益を全面的かつ合理的に反映できず，さらに日々変換し多様化し複雑化する社会環境において効果的な機能を果たすことができない。道具的政治における官僚主義，条文主義，利益集団による支配及び腐敗などの弊害は，市民主権の行使を大きく阻害し，国民の政府に対する信頼を失わせることになる。そこで補助的政治としての熟議民主主義は，道具的政治の欠陥を補うとともに，その多くの欠点を克服する。市民が意思決定過程に直接参加できるため，その意思決定は公共的理性の反映であるのみならず，官僚主義による侵害及び利益団体による支配をも回避できる。

---

4)　同前。

4　熟議民主主義，市民参加及び結社の自由

　上述したように，議論と対話を通じて市民が意思決定に参加することが，熟議民主主義の特徴である。論者によっては，このアプローチが新しいタイプの民主主義であり，代議制民主主義よりも市民主権の理念及び市民の要求を全面的に反映できるとする。代議制は，選出された代表とその代表する特定の選挙区の有権者の利益との一致を前提とする。これに対して，熟議民主主義の前提は，次のことにある。選挙区における人々の利益が全てにおいて一致するわけではなく，複雑かつ多元的であり，時には互いに矛盾することさえある。そのため，選出された代表者は，必ずしも，選挙区の様々な団体の利益全てを代表できるとは限らない。もっとも代議制によって形成される政府は結局のところ，少数の権力者から構成される。このように意思決定権をもっぱら権力者に委ねることは民主主義に反しており，しかも信頼できるものでもない。したがって，市民は必ず，意思決定における民主的なプロセスに参加し，一定の問題の決定について発言権を有しなければならない。

　では，市民参加の主体は個人なのかそれとも団体なのか。個人参加は究極の意味での民主的参加である。しかし，集団的組織や制度によって形成されている社会において，個人の声は非常に弱く，真の意味で，対話や交渉の役割を果たすことができない。現代社会における科学技術の発展は，人々に対して様々なコミュニケーション手段を与えている。しかしながら，それでも全ての人が議論に参加することは非現実的である。国民投票は，個々人が参加するために好ましい方法であるかも知れないが，全ての事柄について国民投票を行うことはできない。なぜならば，国民投票を行うことはコストが高いうえ，その必要性もないからである。熟議民主主義への個人の参加は，伝統的な意味での政治参加と異なる。熟議民主主義の目的は，主に協議を行うことであり，参加者たちに関係する問題について討議，斟酌及び考量することによって，公共的理性を反映した結論に至ることである。個人には，相応の高い理解力，知識水準及

び政治意識等が求められる。一方，一般に，個人には知識，経験及び視野など
いずれにおいて大きな制約がある。このことは，文明のレベルが比較的低いコ
ミュニティーにおいてより明確である。このような場合には，個人の参加の価
値は，討議に参加するという行為自体のみになってしまう。そして，このよう
な行為が良い効果をもたらすのか，それとも逆効果をもたらすかについて判断
することは難しい。また，個人が，議論されている問題について，道徳的又は
判別できる基準を提供することも非常に難しいことである。これに対して，複
数人や団体の参加は，無視できない力となる。したがって，市民参加を団体の
参加と理解するのが合理的である。ここで特に強調すべきことは，熟議民主主
義において，団体参加は，ただ一種の発言権を表すだけではなく，もっとも重
要なことは，意思決定権の行使でもあるということである。このような意思決
定権の行使は，独断的絶対権力の行使ということではない。すなわち，最終的
決定は，意思決定者が権力を持っているか否かという事実にあるのではなく，
協議，対話又は妥協に基づいて民主的な合意の形成が図られるということにあ
る。

　熟議民主主義は市民参加を求めるが，市民参加のもっとも望ましい形は団体
の参加であるとすれば，団体の存在とその行為が重要な問題となる。団体がど
のような形で存在するか，それに対してどのような制限を設けるか，どのよう
な役割を果たすのかなどは，さらに検討を深めなければならない課題である。

　結社の自由は民主政治の産物であり，社団は個人と国との中間に位置付けら
れ，市民の自主的組織を反映する機能を持つ。社団の役割と政府の役割は互い
に補完し合うと同時に，制限し合う。社団の参加が政府の役割を制約し，一
方，国が定める法律は社団の形成と役割を制限する。社団には，企業など営利
社団もあれば，労働組合のような非営利社団もある。営利性の結社について
は，各国の法律において明文規定があり，一般に結社の自由との関係で議論さ
れることはない。一般的な意味における結社の自由とは，主に非営利団体を指
す。非営利団体の最大の特徴は，自由意思により形成されることであり，結社
の自由は，加入と脱退の自由が保障されることである。

結社の自由は，次のような意味を有する。まず，結社に際し，人々は自らの目標を選択し，共通の理想を追求する自由，すなわち実質的な自由を有することである。次に，結社の規模，名称の使用，組織機構の設置など，人々が結社を形成する際に決めなければならない形式上の自由を有することである。さらに，人々が社団を選ぶに際し，各自の意見表明の自由を有する。最後に，最も重要なことは，社団の内部運営における自主決定の自由を有することである。もちろん，いかなる自由の行使であっても法律によって規律されなければならない。実質的自由であろうが手続的自由であろうが，それが法律に反しない場合に限って，真の自由があるということである。

結社の自由の利点は，体系的かつ組織的な行動を通じて社会的な潜在力を発揮させる作用があることである。結社の自由は，本来的には民主主義社会の大きな特徴である。トクヴィル氏は，比較的早い時期に結社はアメリカ社会の1つの主な特徴であり，アメリカ人が自主的に公共問題を統治するための重要なメカニズムであると述べている。さらに，彼は，新しい事業を始めるとき，フランスでは全て政府が前面に出て，英国では時の権力者や貴族が主導し，アメリカでは人々が社団を組織して行うことを目にするだろうとユーモラスに指摘している[5]。

熟議民主主義において，結社はさらに重要な役割を果たす。結社の自由は，個人の意見や考え方が，同じ意見を持つ人々によって支持されることを保障するとともに，ある種の雰囲気を醸成し，無視できない力となり，意思決定に直接参加することで，自己の利益を守ろうとするのである。

5 結社の自由に対する憲法上の保障と制限

結社の自由は，権利として長い歴史をもち，国際法及び各国の法律によって保障されている。1948年の「世界人権宣言」第20条，1966年の「市民的及び

5) Tocqueville, Alexis de. *Democracy in America*. 2 vols. Ed. Phillips Bradley, Alfred A. Knopf.

政治的権利に関する国際規約」第 22 条，1950 年の「欧州人権条約」第 11 条，1969 年の「米州人権条約」第 16 条などにおいて，結社の自由や集会の自由等を保障する規定が設けられている。また，ほとんど全ての国は憲法において，程度が異なるものの結社の自由を保障する定めを設けている。ドイツの「基本法」第 9 条は，全てのドイツ人は，団体及び組合を結成する権利を有すると規定しており，結社法（Vereinsgesetz）においてさらに詳細な規定が設けられている[6]。「自由と権利に関するカナダ憲章」第 2 節や 1996 年の南アフリカ共和国憲法第 18 条においても，結社の自由に関して比較的緩い規定が置かれている[7]。しかし同時に，一部の国の憲法においては，例えば，人々は「合法的な目的」のために自由に結社できる，結社の自由は「法律に従って」行使されなければならない，など抽象的な表現であるものの，結社の自由に対して一定の制限を加える規定が設けられている。「市民的及び政治的権利に関する国際規約」は，各国に対して国内法化することによって規約で定めている権利を承認かつ保障することを求める一方で，締約国が権利に対して制限を加えることも認めている[8]。ただし，この制限は，法律上の明文規定に基づく場合か，又は国家の安全，公共の安全，公共の道徳もしくは健康，他人の権利及び利益に危害を及ぼす場合に限られる[9]。ドイツ「基本法」は，比較的概念的な制限であって，「目的又は活動において刑法に反する結社，又は憲法的秩序もしくは国際協調の思想に反する結社は，禁止される」[10]と規定している。ギリシャ憲法は，結社は法律に従って行われなければならないと規定する。ただし，ここでいう「法律に従う」とは事前の承認が必要であるという意味ではない（第 12 条）。ルワンダ憲法第 19 条にも同旨の規定がある。すなわち，「結社は必ず法律に従わなければならない。しかし，事前の承認は必要ない」とする。スロベ

---

6)　ドイツ「結社法」（Vereinsgesetz）第 3 条（http://hrcr.law.Columbia.edu/safrica/freedom_assoc/80bverfzge244.html）.

7)　国際憲法 http://www.oefre.unibe.ch/law/icl/index.html.

8)　「市民的及び政治的権利に関する国際規約」の第 22 条 2 項。

9)　同上。

10)　ドイツ「基本法」9 条 2 項。

ニア憲法第 42 条は，「国家の安全，公共の安全又は公衆の健康及び感染症の防止のために，立法によって結社の自由を制限できる」と規定している。イラン憲法第 26 条は，「結社は，独立，自由，国家統一の原則に反してはならず，またイスラムの基準に反してはならず，イスラム共和国の基本に反してはならない」と規定している[11]。

　上述の例を踏まえると，文化と伝統が異なる国々において，結社の自由に関する憲法の規定のあり方も異なっているが，総じていえば，結社の自由を制限するのではなく，結社の自由を認め保障する傾向にある。実際の運用において，結社の自由をめぐる最も重要な課題は，社団の設立に政府の承認が必要であるか否かである。この問題をめぐっては，賛成意見と反対意見が対立しており，見解の一致には至っていない。事前の承認を必要とする見解を支持する者は，一種の恐怖心理に困惑されている。彼らは，社団の活動が政府に多大な不便をもたらすこと，さらには，反政府勢力にもなりうると考える。加えて，人間の心は複雑でかつ変化しやすいものであり，社団を構成する全ての者が法律に従って行動し，また，自然の法則，国の法律，人情に反する活動をしないという保障はないと考える。したがって，手放しで自由放任することで混乱を招くよりは，事前にコントロールをすることによって混乱を未然に防ぐほうが望ましいと考える。

　事前の承認・許可制に対する反対意見は，上記のような考え方は憶測にすぎず，又は独裁政権の言い訳であるとする。この見解によれば，結社の自由の最も重要な要件は，いかなる政府又は非政府組織からの干渉をも受けることなく，独立自主的に結社活動を行う権利が保障されることであるとする。事前承認や許可制は，この権利に対する侵害であることはいうまでもない。実際，政府はそのような心配をする必要はない。なぜならば，圧倒的多数の社団は法律に従って行動するため，たとえ法律に従って行動していない少数の社団が存するとしても，政府はそれだけを理由に，法律に従って行動するであろう社団に

---

11)　イラン憲法。前掲・国際憲法（http://www.oefre.unibe.ch/law/icl/index.html.）。

対して事前に審査を行うべきでない。ある社団が法律に反して行動するかどうかは，そのような社団が既に存在していた，又は活動をした後に判明するものであるため，それに対するコントロールを裁判所に委ねるほうが賢明なやり方である。ある社団が違法行為に関与している疑いがある場合，違法性の有無や取り締まるべきかどうかについて，裁判所の判断に委ねるべきである。

　現在，多くの国において，後者の考えが受け入れられている。結社について事前審査をし，承認や許可を与えるのではなく，違法性の有無について，事後的に裁判所の判断に委ねている。政府は，登記について管理をするだけであり，審査及び許可の機能を果たすものではない。

　熟議民主主義の観点からしても，前者の考え方を支持する理由はなさそうである。熟議民主主義が効果的であるかどうかは，主に市民が意思決定に参加するかどうかにかかっている。一般市民が意思決定に参加するかどうかは，社団が意思決定に参加するかどうかにかかっている。社団が意思決定に参加するか否かの前提は，社団の存在と自主的な運営が保障されていることである。社団に対する政府のコントロールが厳格であればあるほど，社団が存在する可能性及び自主性が小さくなる。政府がコントロールを緩めてはじめて，社団活動が展開され発展する可能性がある。代議制民主主義において，政府は結社の自由を認めるべきであるとすれば，熟議民主主義において，政府は結社の自由を奨励するべきであると言える。このような意味において，事前審査や許可制は，明らかに賢明なやり方ではないことは明らかである。

　法治社会は，人々の違法行為を恐れることはない。ある社団が違法行為を行う恐れがあると懸念することは，法制度に対する不信の表れである。法制度が健全であれば，社団の違法行為も他の類型の違法行為と同様に一般的な集団的違法行為であり，裁判所は，特別な資源と時間を投入することもなく，日常業務の範囲内で事案を処理できる。

　今日，世界中の人々が基本的に結社の自由に対する事前審査と許可のようなやり方は時代遅れであるという認識を示していることは，多くの資料から明らかになっている。1948 年に国際労働機関（ILO）によって公布された「結社の

自由及び団結権保護条約（第87号）」第2条において，結社は事前の許可を必
要としないと規定されている。マルコ・ビアジ教授が国際労働機関に寄稿し
た「6カ国における結社の自由に関する事例報告書」は，イタリア，日本，ア
メリカ，フランス，イギリス及びドイツにおける結社の自由，とりわけ，労働
組合の結社の自由について考察を行い，これらの国においては，事前許可制度
を採用している国は1つもないことを明らかにしている[12]。1999年5月にオ
マーンで開催されたアラブ諸国における結社の自由に関するイニシアチブ計
画所が採択した「アラブ諸国における結社の自由の原理と基準に関する宣言」
は，結社の自由の基本原則として，事前の許認可を必要としないことを非常に
強調している[13]。韓国憲法及び日本国憲法も，社団の設立には事前の許可を要
しないと規定している[14]。タンザニアにおける社団条例は，社団は登記部門に
おいて登記することで，当該国で活動できる合法的組織となり，当該登記部門
は社団組織の登記取消し権限も付与されているが，かかる事情が生じた場合に
は，当事者は裁判所に申し立てることができるとしている[15]。台湾は国家安全
三法，すなわち，「国家安全に関する法」，「集会及びデモ行進に関する法律」，
「市民組織に関する法」において，結社の自由を制限し，審査・許可制度を採
用していた。しかし，戒厳令解除後に台湾当局は，政党の結成に関する制限を
緩和し，主管機構において登記の申請をするのみで政党の設立ができるように
した。それでも，市民団体の設立については，依然として審査・許可制度をと
っている。社団組織内部の事務審査のために，台湾内務省は行政命令方式で
「各レベルの市民組織に対する監督業務強化実施弁法」，「社会団体許可手続規
定」，「人民団体の選挙及び罷免弁法」などを発布し，社団の運営に対するコン

12) Marco Biagi, *Report On Six National Case Studies In The Field Of Freedom Of Association.*（http://www.itcilo.it/english/actrav/telearn/global/ilo/LISTS/MARCO.HTM.）

13) http://www.arabifa.org/domino/ArabIFA/aifa.nsf/Declaration.

14) 韓国及び日本国憲法については，前掲の国際憲法（http://www.oefre.unibe.ch/law/icl/index.html.）参照。

15) http://www.leat.or.tz/publications/freedom.of.assoc/.

トロールを強化している。しかし，近年，このような制限に対して学界及び社会から批判がなされ，事前の審査許可制度を廃止し，届出制度に変更するよう求める声が強まっている[16]。

6　ま　と　め

　本章では，民主主義の発展動向から始まり，制度的政治に対する分析を通して，熟議民主主義は民主主義の発展の潮流であること，そして熟議民主主義には市民の参加が必要であることを強調した。市民参加の最も有効な方法は社団に参加することであり，結社の自由は非常に重要な意義を有する。各国における結社の自由に関する規定は異なるものの，結社の自由を保障することに変わりはなく，一定の制限を加える規定もみられるが，その目的も結社の自由をよりよく保障するためである。

---

16)　顧忠華，陳惠馨「還我結社自由！」中国時報，2002 年 6 月 10 日。

第6章

価値観の転換と主体の喪失
——現代儒学が直面するジレンマ——

　筆者の儒学に関する造詣は深くはない。ここでは，儒学研究の現状について
の観察から得られた所感を述べる。この所感は，知識体系の開放及びその後の
知識体系のアイデンティティーの危機と関係する。儒学について言えば，変革
のなかで儒学がいかにして伝統を守っていくかということである。まず，この
アイデンティティーさらにはその直面している危機及びその発生原因について
指摘し，幾つかの建設的な意見を述べることで，儒学研究に供することを期す
る。

　知識体系の開放及びアイデンティティーの危機は，全ての古典的な理論及び
学説が直面している重大な課題であるが，儒学が直面している危機はより顕著
である。儒学は，一方で他の知識体系から有益なものを吸収する必要があり，
他方では，独自の伝統を維持しなければならない。すなわち，発展すれば発展
するほど独自性が失われる可能性は高くなる。しかし，このことを理由に発展
を拒むことはできない。これは実に難しいことである。多くの儒学者は，自
由，権利，法の支配，合法性，不法行為，契約，訴訟などを含む自由主義の価
値観に大きな関心を示している。しかしながら，こうした自由主義の価値観は
儒学が提唱している仁，義，礼，知，徳，調和，謙譲，誠実等の価値とは全く
異なる概念体系である。文化の最も基本的な内容としての概念体系は，比較的
独立した知識体系をもつ。すなわち，各概念間には相互依存，表裏の有機的関
係があることである。仮に，ある概念体系のなかから特定のカテゴリーを受け
入れるとすると，必然的にその体系から，それに対応する他の概念カテゴリー

の受入れにもつながる。要するに，儒学が，自由主義における権利観念を受け入れた場合，それは自由主義への第一歩を踏み出したことを意味し，必然的に，法の支配，合法性，憲法による統制，財産などの概念を受け入れることになる。もちろん，この2つの概念体系は，一定のレベル又は視点において融合することも可能であろうが，このような融合後の儒学が依然として本来の特色を保てるとは言い難い。この意味で，儒学は自由主義化の危機に晒されている。正確にいえば，自由主義に侵食される危険性がある。この危機は深刻かつ悲惨なことである。

　では，なぜこのような危機が引き起こされるのか。これには様々な要因が考えられるが，主に次の4点を挙げることができよう。第1に，西洋人の誤解である。第2に，中国の知識人による儒学に対する批判である。第3に，儒学に熱心な人々の儒学の発展についての認識の欠如である。第4に，儒学に伝統的に内在する欠陥である。（これら）は全て非常に複雑な問題であり，筆者は，これを明確に説明することはできない。そこで，筆者は，深い議論に立ち入ることはせず，若干の問題提起をするにとどめる。ただこれら問題について議論する価値があることを認識してもらうことで，今後の研究に資する。なお，ここで指摘する問題は，研究者が既に注目しているものであり，筆者はいささかなりの強調をするだけである。

　まず，西洋人の誤解という点は，非常に重要である。なぜならば，新儒学の発展が西洋学から大きな影響を受けたためである。これについては，150年前にさかのぼって述べる必要がある。当時，中国が西欧列強に敗北したため，西欧列強は，中国を病人又は敗北者とみなしたからである。また，多くの西洋人の目には，中国が発展できない原因が儒学にあると映った。中国人の欠点は，あたかも全て儒学によりもたらされたものであり，儒学も中国と同じく，西洋人によって手術台に乗せられ，蹂躙される実験の対象になった。レビンソンのような，善意で熟練技術をもつ医者が，精密機械とメスを用いて儒学を解剖し研究した。また，E.ブルース・ブルックスとタエコ・ブルックスのように，儒学及び中国の伝統に対して乱暴な攻撃をした者もいる。リックマンのように

中国文化に対して非常に適格な批評を行った学者もいる。他方，マックス・ウェーバーのように中国文化に対して深い誤解を抱いた学者も少なくない。ドバリーは，西洋人が儒学に対して多くの誤解をもっていると指摘したものの，彼自身もその誤解を越えられなかった。例えば，彼が執筆した古代中国の自由と立憲主義の伝統についての研究は，その努力の甲斐が半減するものであった。

　儒学に対する西洋人の誤解は，医師の目で患者のことを看たかのような考えにとどまらず，「削足适履」（足を削って履物に合わせる）といった無理な研究方法にも表れている。次のことを例にしてみよう。古代中国人は万里の長城を建て，古代エジプト人はピラミッドを建設した。このことに対して次のように異なる質問がありうる。1つは，なぜ中国人は万里の長城を築き，エジプト人はピラミッドを築いたのか，という質問である。2つ目は，なぜ中国人はピラミッドを築かず，またエジプト人は万里の長城を築かなかったのか，という質問である。前者は物事の本質的なことに対する質問であるのに対して，後者は意味のない質問である。この問いかけは，まったく相関性がなく，価値のない問いである。これは，ある文化の概念を用いて，異なる文化の現象を解明しようとすることである。例えば，ドバリーは，ユダヤ教とキリスト教の立場において，なぜ古代中国には預言者がいなかったのか，といった中国とはまったく無関係の質問をしている。これは，アメリカ人に対して，なぜ，アメリカ人は朝食に揚げパンを食べたり豆乳を飲んだりしないのかと尋ねることと同じく，答えに窮する質問である。市民社会，権利，人権等の観念が古代中国の文化や伝統に存していたか否かとった質問は，ほとんどこの類の質問であるといえよう。実際，このような西洋の概念を用いて中国の文化を分析する研究は数えきれないほど多い。

　西洋人のなかで中国文化に対する誤解がもっとも深く，かつ最も影響力があるのはマックス・ウェーバーであろう。ウェーバーは，自らの宗教社会学を打ち立てる必要性及び西洋の二元文化認識モデルに基づいて，儒学を一種の宗教であるとした。彼のこのような誤解は，一部の西洋人と中国人学者に受け入れられ，その影響は非常に広範囲に及んだ。しかし，ウェーバーは，西洋の宗教

及び法律といった二元文化認識モデルにおいて，リンゴと梨のほかにオレンジ
もあることを想像できなかったようである。すなわち，儒学の伝統を理性と法
律といったモデルに帰納することができなかったので，宗教とみる他になかっ
たのである。儒学の伝統は，西洋の宗教文化と法律文化の伝統とは全く異なる
ものであることを知らなかった。ウェーバーのこのような誤解を極限まで推し
進めたのは，前世紀末における東アジアの経済発展の奇跡に関する説明であ
る。これによると，西洋資本主義の勃興がプロテスタントの倫理に依拠したの
と同様に，東アジアの経済発展の奇跡も儒学の伝統と密接に関連しているとい
うことになる。まさに途方もない主張である。もし儒学の伝統が経済発展に積
極的な促進効果をもたらすのであれば，2000年以上も儒学文化の影響下に置
かれている中国経済，さらには東アジアにおける儒学文化圏の経済は，とっく
に目覚ましい発展を遂げていることになるのではないだろうか。ところが，現
実はそうではなく，19世紀から20世紀に西洋の強勢文化が東アジア文化に強
い影響を及ぼした結果，東アジア諸国で経済が急成長することになったのはな
ぜか。これは実に奇妙な見解である。

　西洋人の儒学の伝統に対する誤解は，西洋人に儒学が西洋の強勢文化への批
判や補足，良い選択肢になるはずもないものと思わせたのである。そのため，
中国を研究対象としているほとんどの学者は，儒学に対して軽蔑又は無関心な
態度で臨んだ。西洋の学者のこのような態度が，儒学に対する中国の知識人の
感情及び態度にも影響を及ぼすことになり，結果的に，中国人自身が儒学の伝
統に対して懐疑的又は軽視，さらには批判的になった。より重要なこととし
て，「五四運動」以降，人々は伝統的な中国社会の陰惨な側面の原因を儒学文
化に帰せしめ，それをいかに素早く捨てるかと考えるようになった。当然なが
ら，これも儒学を危機に追い込んでいる重要な理由の1つである。

　儒学に真摯に取り組む人々も儒学の発展に不利なことをしてきた。現代の儒
学研究は，以下のような特徴を有する。①文化の様々な流派による強力な攻勢
に直面して，儒学者は，消極防御的な態度をとり，主体的かつ進取の精神で臨
まなかった。近代の儒学者のほとんどが，西洋の学者，例えば，ヘーゲル，カ

ント，さらにはロールズの思想を用いて，儒学に関する新たな解釈又は展開を試み，儒学に新しい内容を取り入れようとした。しかし，彼らの研究において，西洋文化に対する徹底的な批判や強烈な反応はほとんどみられない。まさにこうした解釈によって，儒学がますます自由主義に近づいてきた。②これと関連して，多くの儒学者は，自由，権利，法の支配など自由主義の基本カテゴリーの内容について，「他人が持っている物は，われわれも持つべし」として，全面的に受け入れる態度で臨んだ。このような文化的攻勢に対して，これら思考法の功罪を認識し，批判的検討をすることなく，できるかぎり自己の伝統の中で類似する概念を掘り起こすことによって，儒学が万能であることを示そうとした。これによって，儒学は非常に受動的な地位に置かれることになり，他の学派からの挑戦への対応に追われ，積極的かつ建設的な研究又は理論体系を提示することが不可能になってしまった。③儒学における主な概念は，非常に抽象的である。このような概念は，哲学の研究分野においては，独自の存在理由を有するが，それらをさらに制度化したり，具体化したりすることはできない。近代の儒学者たちの研究から，これらの概念が彼らの研究によってさらに抽象化されていることが分かる。例えば，人々に広く受け入れられている「天人合一人」，「内聖外王」などの概念は，非常に抽象的であるがゆえに捉え難いという特徴を有する。このため，少数の学者の思想体系又は哲学者の引き出しの中にのみ存することになり，ある社会制度を確立するための指導原理にはなりえず，それを具体化し，確たるものにすることをより困難にしている。このようにして必然的に儒学は，社会及び民衆に対することなく，徐々に博物館へと向かうことになる。

　最後に，儒学自身の制約が，儒学の固定化ないし生存危機をもたらしていることも重要な理由の１つとして指摘できる。当然ながら，このような制約は，異なる思想や学説の全てが直面するものであり，また各種理論，各学派が有する制約には，それぞれの独自の特徴がある。儒学に限っていえば，比較的重要な理由として次のことが挙げられよう。まず，伝統文化としての儒学は，生命の意義に対する追求に力を注いでいることである。すなわち，人間の様々な認

知能力，人性や本性の発展を追求するあまり，動物として生存のために必要な側面である物質的追求を無視していることである。いわゆる，義を重んじて利を軽んじることを価値観とする儒学は，競争メカニズムの働く経済システムの確立のための基本的原理を提示できない。次に，人と自己，人と人，人と社会，人と自然，人と超自然といった関係のなかで，儒学は人と人，人と自然の関係に重きを置いていることである。ある意味，儒学は，人と自己との関係にも着目するが，人と社会，人と政治世界，人と超自然の関係については無視してきた。これが，儒学が今日まで発展し承継されてきたにもかかわらず，政治制度が配分する資源と普遍的な宗教理論を欠いている理由である。さらに，儒学においては，伝統的に，実用的道具という概念が発達していないということがある。1つの文化伝統における概念のカテゴリーは，一般に抽象的概念，道具的概念，及び抽象的・道具的概念の中間概念に分けられる。儒学において，実用的な手段という概念はほとんど発展していない。しかし，この概念こそ現代社会における様々な流派や学派が存続するための生命線である。実用的道具という概念の存在は，社会システムの発展に直接的に指導的な影響を及ぼしているが，これに対して，儒学の伝統はほとんど貢献していない。このことが，儒学自身の制約の１つでもある。最後に，儒学は世界の歴史と現実の社会に対して全体的な視点に欠けている。例えば，儒学は，中世の西洋に存在していた宗教文明秩序や現代西洋における法文明秩序については説明できない。したがって，儒学は，原理としての一種の道徳哲学といえる。儒学は，中国の伝統的な道徳文明秩序の説明には重要な役割を果たしているが，宗教文明秩序と法文明秩序については，まったく無力である。自由主義的観点から世界を見ることはできるが，儒学は中国を見るためにのみ使われている。換言すれば，儒学は普遍的な学問ではなく，それは中国と東アジアにのみ属するものである。これが儒学の最大の限界かも知れない。儒学が発展するためには，まずこのような限界を克服しなければならない。

　上で指摘した儒学の認識の危機と生存の危機が生じる原因に対して，我々は，少なくとも次の幾つかの側面から儒学のさらなる発展の可能性を探ること

ができよう。まず，歴史的に，儒学が中国の文化及び政治的伝統，さらには中国人の人格形成に与えた影響を清算しなければならない。儒学は，全ての罪を背負う必要はなく，また，全ての功を自己のものにする必要もない。上述した先知や人権に関する問題のような儒学の発展における疑似知識及び明らかな誤りに基づく誤解を取り除かなければならない。このことは，儒学が明確な地位を見付け，儒学の中核的内容を確かなものにするために必要である。儒学者は，儒学の知識体系の中には権利や市民社会といった概念は存しないと明言でき，しかも，このような概念が存在しないことについて不安や劣等感を感じる必要はない。次に，儒学の伝統的概念の具体化と制度化を図る必要がある。ある文化の伝統的概念には，根源的なものもあれば，派生的なものもある。根源的なものから派生的ものまでの発展過程自体が概念の具体化の過程である。例えば，権利という概念は，西洋の伝統的な文化における根源であるが，この権利概念を通じて，人権，プライバシー権，集団的人権，個人の人権，財産権，知的財産権，さらには動物の権利など一連の派生的な概念カテゴリーが発展してきた。この過程こそが，抽象的概念カテゴリーを徐々に具体化していく過程である。

　儒学の概念体系における仁，義，礼，智，信などは，いずれも非常に抽象的概念であるが，これらの抽象的な概念から具体的な概念を派生，発展させる可能性がないわけではない。これらの抽象的な概念を様々な場面に適用し，それに適合する制度を作り出すことも可能である。概念は，制度設計において重要な指導的役割を果たす。再び権利を例に挙げよう。権利という概念は，自由主義概念体系における中心的な内容であり，同時に，アメリカ合衆国憲法のもっとも重要な原理でもある。これと類似性を有する関係原則は，儒学伝統の重要な内容である。関係原理を起点とし，権利ではなく関係を憲法の基本原則とし，この基本原則に基づいて社会制度を確立するといった，関係原則に基づく立憲主義を創設することは想像できないだろうか。もう1つ検討に値することに，儒学は，西洋の社会理論と社会の現実に直面し，様々な社会理論との対話をすべきであり，この対話によって現実的でかつ基本的な社会問題について研

究をしなければならないということである。儒学は，常に自己を閉鎖的な体系
と位置付け，「天人合一」，「内聖外王」などの概念を盲目的に研究し続けては
ならない。なぜならば，このような探求は現実社会のなかではまったく無意味
であるからである。むしろ批判的検討がなされなければならない。儒学は，必
ず，既存の様々な社会理論に対して批判的検討をしなければならない。これに
は次のような幾つかの点が含まれると考える。

　まずは法に対する批判，すなわち理性に対する批評である。この点に関し
て，儒学は，西洋の法と理性の伝統に対して建設的な批判をするだけの豊富な
資源をもっている。次に，宗教に対する批判，すなわち道徳に対する批判であ
る。キリスト教の強い影響を受けて，西洋の道徳は宗教の寄生物となってしま
った。世俗化後の西洋人の道徳は放浪者となり，いまだに居場所が見付けられ
ていない。これに対して，儒家の道徳は，現実の人間関係に立脚し，教訓とな
りうる十分な基礎を有する。さらに，認識論に対する批判，すなわち西洋の二
元文化認識論に対する批判である。そのためには，西洋の普遍主義である法と
宗教といった二元的な分析方法を，儒家の道徳万能主義のカテゴリー内で考察
し，その優位性と弱点を明らかにすることが求められる。最後に，研究方法論
に対する批判を行うことである。すなわち，儒家の省察と悟りの方法を用いて
西洋の実証主義に基づく研究方法の幼稚さを批評することである。

　このような批判を通じて，儒学における限界と不足を補うことができる。儒
学者は，マルクス主義，自由主義，共同体主義，モダニズムとポストモダニズ
ム等の流派を研究しなければならない。これらの流派の概念，制度設計，権威
体系などについて肯定的な批判を行い，そこから有用なものを受け入れる必要
がある。儒学は，西洋の様々な理論からの挑戦に直面する状況下で，開けた姿
勢で立ち向かい，自己の伝統的理論を充実，発展させ，西洋の伝統との対話の
中で，自己の学説の発展又は再発見をして，伝統的信念を取り戻さなければな
らない。

第Ⅱ部

法学における現代とポストモダン

第 7 章

自然法論と法の神聖化及び世俗化*

多くの西洋学者は，西洋国家は近代的法制度を発展させた一方で，非西洋国家が近代的法制度を発展させられなかった理由は，西洋には自然法学説があったことによると考えている[1]。自然法学説は，現代の法制度における法至上の原理を生み出し，法の下で全ての人が平等であり，法の支配と民主主義の理想を現実することを可能にした。では，西洋の自然法思想は，どのようにして現代の法制度となったのか。本章では，法学説と法制度の間の密接な関係及び相互作用を明らかにすることを目的に叙述する。

1

西洋には，歴史的に宗教文明秩序と法文明秩序の 2 つの文明秩序が存在した。西洋の歴史では，どちらも人間の本性に由来する宗教と法が相互に作用し，宗教が法を統治する宗教文明秩序が形成されたり，法が宗教を統治する法文明秩序が形成されたりする時代が繰り返された。この点は，中国で単一の道徳文明秩序が何千年にもわたって脈脈と続いてきた伝統と異なる。

西洋の学術史において，主たる問題は，ほとんど宗教と法の 2 つの分野に起源がある。社会科学が提供するものは，研究の手法と型にほかならない。西洋

---

* 初出：拙稿「自然法学与法的神聖化和世俗化」法律科学，2002 年第 5 期。
1) R. M. 昂格尔［アンガー］（呉玉章，周漢華訳）『現代社会中的法律』中国政法大学出版社（1994 年）。

神学の発展と法哲学の豊かさは，中国の歴史における倫理学の隆盛と同様である。なぜなら，西洋の文明秩序は宗教から法へと大きく変化し，宗教学と法学の発展がそれに対応したからである。中国の歴史において，道徳文明秩序は一貫しており，宗教学や法哲学に発展の機会を与えなかった。これは中国文明と西洋文明の根本的な違いである。

　ローマが繁栄した時代を法文明秩序の時代とみれば，キリスト教の誕生からローマ帝国が崩壊した時代は，神が直接統治した時代，すなわち中世の暗黒時代であり，宗教文明秩序の時代とみることができる。11世紀の教皇革命以降，ルネサンス，宗教改革，啓蒙運動，産業革命などの激しい変革の中で育まれ，徐々に改善されてきた理性と法に基づく社会的枠組みは，法文明秩序の典型である[2]。法文明秩序の形成と発展は，法の神聖化から世俗化，理性化に至る過程を経て，今日も続いている。

　いわゆる神聖化とは，歴史上，人々が法に神秘のベールをかぶせ，聖装をさせ，それを神と正義の化身とするということである。法の神聖化の過程は，法を神と同列にして，法を至高の万能薬とする過程である。法の神聖化は，成文の神聖化と解釈者の神聖化に体現される。法の神聖化に最初の貢献をしたのはユダヤ教である。有名なシナイ山で神がモーセに法を授ける話は今もなお伝えられている。キリスト自身も，自分は法を発展させるために来たと言っている。モーセの十戒と聖書が権威ある書として最高の地位を占めるが，それに匹敵できるのはコーランだけである。書の神聖さにより，その解釈者も神聖化される。ユダヤ教ではラビ，キリスト教では聖職者が神の命令の伝達者とされる。

　中世には，王権神授説の理論がさらに発展した。1220年，ドイツの法書は，神が法であり，法がそれにとって最も貴重であると初めて宣言した。キリスト教は法の神聖化に最も貢献していると考えられる。なぜなら，キリスト教会は，その発展の全ての段階において，法制度を人類のニーズに適応させること

---

2)　伯尔曼［バーマン］（賀衛方ほか訳）『法律与革命』中国大百科全書出版社（1993年）。

に成功し[3]，そして，西洋人に近代的法制度がどういうものかを最初に教えたのが教会であった[4] からである。

　法の世俗化とは，神の死後に理性を法の究極の源としたことをいう。国家という概念の出現により，世俗的な独立主権とその法の観念が西洋で支配的な地位になり，教会は世俗的領域から離れて神事の範囲に限定されるようになった。神はもはや究極の法源でなくなった。したがって，法は，新たな究極の源を見付けなければならなかった。そこで，グロティウスは，「神であっても，2プラス2を4にするしかなかった」[5] と述べた。新しい支配者——理性——が究極の権威の源として神に取って代わった。このようにして，法は神の手から人の手に移った。この過程は，法の世俗化又は合理化と呼ばれる。世俗化とは主に法の意識を指し，合理化とは主に法の手続化と体系化をいう。これは実際には西洋文化全体の世俗化の一部であり，すなわち宗教文明秩序に代えて法文明秩序が成立する過程である[6]。それ以来，西洋社会では宗教が支配する社会的枠組みに代わって，法が支配する社会的枠組みが登場した。換言すれば，宗教が法を統御する社会構造に代えて，法が宗教を統御する社会構造が成立したのである。

　この交代の結果が良いか悪いかを判断するのは難しい。大半の人は，理性が神に取って代わり，法が宗教に取って代わるということを主な統治手法とする文明秩序に同意するかも知れない。しかし，反対の声もあり，例えばパスカルは「神や自然法を全て放棄し，自分で法を作って守っている人が世の中にいるとは驚きだ」[7] と述べている。

　理性化とは，様々な法の神話から解放された思想状態ということである。そ

---

3)　伯尔曼［バーマン］（梁治平訳）『法律与宗教』生活・読書・新知三聯書店，1991年，67頁。

4)　同上，75頁。

5)　Grotius, De Iure Belli ac Paciss, I, I, x.

6)　前掲注3) 伯尔曼『法律与宗教』。

7)　登特列夫［ダントレーヴ］（李日章訳）『自然法』聯経出版事業公司，1984年，扉頁。

れは，法に対する迷信や法への崇拝を打ち破り，異なる選択と道を模索し，社会問題を解決する手法について多様な出発点を提供する[8]。法の世俗化，すなわち合理化は法の神聖さをそれほど害するものではない。法は依然として公平と自由を保障する最良の手段とみなされている。人々の心の中での地位は揺るぎなく，法の遵守は依然として文明人であることの判断基準である。唯一の違いとして法の最高の源が神から人間の頭脳に戻ったということがあるが，法そのものは疑問視されていない。それは神の意志から客観的な真理の反映に変わった。法の古いベールが剥がされ，新しいベールがかぶせられた。客観主義と科学主義の思想理論に支えられるこの新しいベールの背後にある法は，より神秘的で神聖なものとなった[9]。19世紀の終わりから20世紀の初めに至るまで，実証主義者は，自然法の反対者として，国家の強制力と法の間の本質的な関係を直接指摘した。彼らは法の生命が論理ではなく経験にあると主張し，法の不確定性を明らかにした。こうして，法の本来の姿が認識され，人々にとって法の神聖な地位が揺らぎ始め，法の神聖さを維持することがますます困難になってきた。このような理性化の過程は続いている。

　法の神聖化と世俗化は，どちらも西洋で非常に長い歴史がある法理論に依存している。神聖化の過程では自然法論が支持者の役割を果たしたが，世俗化の過程では自然法論によって支持されただけでなく，法実証主義者もこれを推奨，肯定した。以下，法の神聖化と世俗化の過程において自然法論が担った役割について簡単に検討する。

2

　2000年来，自然法論は，西洋の歴史において非常に重要な役割を果たして

---

8) 筆者がここで述べるのは demystification であり，ウェーバーの Entzauberung ではない。

9) Roberto M. Unger, *The Critical Legal Studies Movement*, Harvard University Press (1986), Peter Fitzpatrick, *The Mythology of Modern Law*, Routledge,(1992)参照。

きた。それは，西洋で法の支配が形成された重要な原因であり，善法と悪法を
区別するための試金石であると考えられている[10]。しかし，自然法の概念は，
1つの実際問題を解決するために生まれたにすぎない。当初，ローマ人の法は
ローマ人の専有物であった。しかし，ローマの拡張につれてローマ人と非ロー
マ人との交流が始まった。ローマ人とアテナイ人の間に経済的な紛争が起こっ
た場合に，ローマ人はローマ法による保護を受けることができるが，アテナイ
人は保護されない。ローマの執政官は，一連の原則と規則を制定し，この紛争
を解決した。その後，これらの原則と規則は，万民法と呼ばれるようになっ
た。万民法は，当時のローマの執政官が知る各種法の最も普遍的な特徴を融合
させたものであり，柔軟性と多様性があるので，施行後は自然にローマ民法に
取って代わった。

　万民法に哲学理論基礎を提供するために，キケロを代表とするローマ法学者
は，ストア派の思想から幾つかの要素を抽出し，自然法論を体系的に論じた。
彼らは，万物の理に適応する永世不変の法則が存在し，万民法はその普遍的な
法則を体現するものだと考えた。したがって，万民法はローマ法よりも自然法
に近い。それ以来，自然法の思想は延々と続き，今も生きている。19世紀に
一時衰退したことを除き，自然法は引き続き盛況な法学説である。自然法は歴
史の中で様々な役割を果たしてきた。それは現存の制度を擁護したことも，批
判したこともある。奴隷制を擁護したことも，非難したこともある。法の神聖
化の過程において，自然法は大きな役割を果たした。法の世俗化の過程におい
ても，自然法の貢献がある。

　法の神聖化における自然法の役割は，ヨーロッパの学校の校長として知られ
ているキケロによる「国家について」の有名な一節からみることができる。

　「真の法は，大自然に応じる正しい道理（right reason）である。それは普

---

10)　自然法論に関する文献については，前掲注7)の登特列夫［ダントレーヴ］のほ
　　かに John Finnis, Natural Law and Natural Rights, Clarendon Press, 1980 がある。

遍的に適用でき，不変で永続である。ローマとアテネには2つの異なる法
は存在せず，現在と未来においても同じように，永遠不変の法が全ての民
族と全ての時代に適用される。私たちの上にはただ1人の主人と統治者が
いる。それは神である。なぜなら，神はこの法の創造者，公布者，及びそ
れを執行する裁判官だからである。」[11]

　西洋史に大きな影響を及ぼした『ローマ法大全（Corpus Iuris Civilis）』にも，
自然法に関する見解がよく表れている。それは神に承認されたユスティニアヌ
ス法典と呼ばれ，その「勅法彙纂」では，様々な法律が存在するということを
明確に指摘している。1つは国内法（ius civile）であり，それは特定の共同体の
利益を表している。もう1つは国際法（すなわち万民法，ius gentium）であり，
人々の相互往来を容易にするために作られたものである。ただし，より崇高で
永続的な規範を示す法がある。それは，「永遠の善と正義」（bonum et aequum）
に相当する自然法（ius anturale）である[12]。
　数世紀後，キリスト教の台頭とローマ帝国の崩壊につれて全く異なる問題が
生じた。大統合の局面は，林立する小社会に取って代わられ，それぞれの小社
会がそれぞれの支配者と法を有するようになった。キリスト教会だけが普遍的
な権威を有していたが，それは各地の統治者や法としばしば衝突した。そこ
で，教会法と世俗法の対立が生じた。最終的な権威はいずれにあるのか。
　広い意味では，西洋社会はラッセルが言った「僧侶と世俗人の二項対立，ラ
テン民族とチュートン民族の二項対立，天国と地上の王国の二項対立，魂と肉
体の二項対立などがあり，これら全ては，教皇と皇帝の二項対立として表すこ
とができる。」[13]という二項対立的な社会に入る。
　宗教を中心とする西洋社会の枠組み，すなわち宗教文明秩序は，この二項対

---

11)　西塞羅［キケロ］『論共和国』（De Republica, Ⅲ, xxii, 33）。前掲注7）登特列夫
　　［ダントレーヴ］15頁。
12)　同上。登特列夫［ダントレーヴ］14-15頁。
13)　羅素［ラッセル］『西方哲学史（上）』377頁。

立のもとで強固に発展してきた。自然法の思想はそれに関して大きな役割を果たした。アクィナスによる修正で自然法理論は新しい姿で登場した。有名な四分法の中で，アクィナスは，神が宇宙を創造し，それを管轄する法を与えたと主張している。人々は神の啓示と自らの理性を通してこれらの法を理解することができる。神に創造された秩序の一部として，世俗の支配者の権威は神から賜るので，神に従わなければならない[14]。要するに，世俗法は自然法に従うべきであり，それが教会と世俗国家との矛盾を解決しようとしたアクィナスの考えであった。

　アクィナスの自然法論が法の神聖化を最高潮にまで押し上げたということは間違いない。しかし，アクィナスの学説は，法の世俗化運動にも機会を提供し，理性を強調したことを無視してはいけない。実際，アクィナスの自然法論は両刃の剣であり，法の神聖性を昇華させた一方で，法の世俗化という新時代をも開いた。それは彼による理性化神学の二重作用であった。

　アクィナスは，法を恒久法（永久法），自然法，神定法と人定法（実定法）という 4 つの種類に分けている。恒久法は，神の法であり，最高位の法である。自然法は，善悪を弁別する自然の理性の光であるが，恒久法は理性的動物に対する関係にすぎない。すなわち，自然法は，神と人間の間の架け橋である。神定法は，より抽象的な自然法を補足するために，聖書を通して神によって与えられた法である。そして，人定法とは，世俗の支配者に定められた法，すなわち，自然法の訓戒を個別的かつ具体的な状況に適用する。「このような推論の力で得られた特殊な仕組みを人定法と呼ぶ」[15]。この 4 類の法の中で，低次の法はそれぞれ高次の価値から導き出される。そして，全ての法は最終的に神の理性に帰せられる。恒久法から人定法までの序列には，「理性」という一貫した手がかりがみられる。法はある理性的命令である以上，恒久法，自然法，人定法に対応して，理性は神の理性，自然の理性と人の理性に分けられる。この

---

14)　前掲注 7）登特列夫［ダントレーヴ］，35-44 頁。

15)　梁治平「中古神学的理性之光与西方法律伝統」梁治平『法弁—中国法的過去，現在与未来』貴州人民出版社，1992 年，170-183 頁。

意味で，法と理性は実際には同じであり，しかも同じ帰属関係を有する[16]。こ
こにその後の法の手続化と理性化の運動の前兆がすでにみられる。

3

　15世紀以降，西洋社会の枠組みは根本的に変化した。ルネサンスとローマ
法の復興はこの大きな変化のために思想文化上の準備を与えた。16世紀のル
ターの宗教改革は，神の範囲と世俗の範囲を確認し，神の世界と人間の世界を
分離し始めた。アクィナスによる神と理性の二重の権威における神は次第に曖
昧になり，理性の地位が高まっていった。17世紀，科学技術の発達で西洋の
歴史観は完全に変わった。過去を基準とした考え方は，社会進歩の観念に取っ
て代わられた。全ての価値判断と事実評価は未来に向けられた。こうして，人
と神の世界の間の距離が更に遠くなった。このような西洋社会の枠組みのもと
で発生した崩壊は，中国では起こらなかった。そこで，一部の学者は，中国文
明を continuation と呼び，西洋文明を rupture と呼んでいる。神聖から俗世ま
での過程は俗世化の過程と称される。マックス・ウェーバーはこれを理性化の
過程と呼んでいる。

　この過程で自然法は，重要な役割を果たしている。17世紀から18世紀にか
けて，多くの優れた思想家が西洋に現れた。彼らは自然法に興味を持つがゆえ
に，古典的自然法論学派と呼ばれる。この学派には，オランダのグローティウ
ス，イギリスのホッブズ，ロック，フランスのモンテスキュー，ルソー，ドイ
ツのプーフェンドルフなどがいる。

　この学派は，自然法における神の影を一掃し，自然法は人間の理性に基づい
ていると主張し，自然法論を当時の革命政治の主張である「社会契約論」と
「天賦人権説」に結びつけた。彼らは，人類の普遍的な理性に基づいて，人類
に普遍的に適用できる法律と法典を制定できると考えた。人類が神学の束縛か

16）　同前。

ら解放される過程で，彼らは，非常に積極的かつ効果的な役割を果たした。し
かし，神学の解放に効果が現れ始めたときに，彼らは国家という新たな足枷に
直面することになった。政治の解放が当然に彼らの共通の関心事の中心になっ
た。したがって，彼らの学説の半分は，神と人間の問題を解決することであ
り，半分は人間と政治社会の問題を解決することであった。

　この時期の思想家たちは，自然状態の中では，人は自由かつ平等であり，生
まれながらにして人権を享受すると主張する。人々の権利を実現するために，
人々は国家を建て，社団を結成し，社会に入り，法は，人々の自由権を保障す
るものであると言う[17]。理性主義と自然主義に満ちた彼らの著作の中で，神は
ますます重要性を失っている。グロティウスは，「神の力は計り知れないほど
大きいが，その力に左右されないことが存在する。神でさえ，2プラス2を4
にしないようにすることはできないし，本来は悪であるものを悪でないものに
することもできない。」と言う[18]。それに対して，人間はますます独立し，自
分の価値と幸福を重視するようになってきた。これらの認識論の飛躍は，人間
を神学の束縛から解放したのみならず，将来的には，国家の圧迫からも解放す
る。アメリカの「独立宣言」とフランスの「人権宣言」は，自然法論運動の頂
点の標である。「独立宣言」は，政治宣言の形式で人権に関する理論を政治的
主張に引き上げたが，「人権宣言」はこの主張を憲法の形式にまとめた。

　近代西洋文明秩序の形成において，古典的自然法論学派は大きな役割を果た
した。法文明秩序における重要な概念と制度の胚胎は，ほぼこの時期に完全に
現れた。私有財産の神聖かつ不可侵，契約の自由，罪刑法定，無罪の推定及び
司法権の独立など一連の法原理と制度は，全てこの時代の産物である。「ナポ
レオン法典」のような典型的なブルジョアジーのための法典の制定も古典的自
然法論学派と深い関係がある。

---

17)　Isidor Schneider, *The Enlightenment: the Culture of the Eighteenth Century*, Braziller,
　　 1965; Peter Gay, *Age of Enlightenment*, Time-life International, 1966.

18)　Grotius, *De Iure Belli ac Pacis*, I, I, x.

　19世紀以降，植民地，革命及び侵略戦争の嵐が世界を席巻し，激動する局面は，現実的で，強力・性急に利を求める理論を必要とした。自然法論は，これを満足させることがなかったので，強烈な攻撃を受け，事実と理想を混同する説教であると批判された。また，自然権説は，国家論や政治論において人間の理性に過度に依存していたため，人の重大な政治活動を空疎な抽象的原則に従わせ，現実に奉仕することができなかった。フランス革命の失敗をここに帰する人さえいる。そのため，自然法論は相次いで歴史法学派，法実証主義と法社会学から攻撃され，次第に人々に忘れられた。第2次世界大戦後になって，人々は法実証主義がドイツ・ファシズムの法制度に影響を及ぼしたことを反省し始め，再び自然法に関心を持ち，それの復興がもたらされた[19]。

　自然法は，復活したとは言え，それでも「神」と「理性」などの究極の権威を有する概念をもって法理論における支配的な地位を取り戻すことはもはやできなくなっていた。そうではあっても法の神聖化及び理性化の過程で，自然法論は様々な理論を通じて，法の神話を作り出すことに極めて重要な役割を果たした。現代西洋の法制度のイメージは，自然法論によって形成されたと言っても過言ではない。これを知ることは，西洋の法制度とそれに依存する文化環境を深く理解するのに役立つ。

---

19)　前掲注7）登特列夫［ダントレーヴ］参照。他に，沈宗霊『現代西方法哲学』（法出版社 1983 年版），張文顕『当代西方法学思潮』（遼寧人民出版社 1989 年版）。

第 8 章

法における現代とポストモダン[*]

1　は　じ　め　に

　西洋の歴史は確かに伝統から現代へ，そしてポストモダニズムへの移行を経
験しているので，伝統—現代—ポストモダニズムを分析モデルとみなし，それ
を使って欧米の社会史の発展過程を分析することは可能である。神に依存して
宗教を主な社会統制手段としたルネサンス以前の西洋社会を伝統社会とみなす
と，ルネサンス以降に興った人間の理性を基礎として法を主な社会統制手段と
する欧米社会を現代社会と呼ぶことができる。20 世紀，各国間の利益の衝突
によって引き起こされた連綿と続く戦争が人類にもたらした災難，資本主義
社会で生じた様々な不平等，及び民主主義社会の理想と現実の間の大きな乖
離は，20 世紀後半に人々に真理の普遍性，理性の力，法の権威，平等，自由，
公平など現代社会が築いてきた価値観に対して疑念を抱かせた。その結果，現
代とは異なる生活態度，生き方，情緒と価値観が醸成された。これを一部の学
者は，ポストモダンの社会状況と呼んでいる[1]。

　しかし，上述の西洋社会の発展の道は普遍的ではない。世界の多くの国が文
化的及び歴史的発展に関し，完全に異なる道を選んだからである。例えば，中

＊　初出は，「法学中的現代与后現代」人大法律評論，2001 年第 1 輯。

1)　Jean-Francois Lyotard, *The Postmodern Condition: A Report on Knowledge*, Geoff
　　Bennington & Brian Massumi trans, Manchester Univ. Press, 1984.

国における 5,000 年にわたる一貫した道徳文明秩序は，現代西洋のような宗教
文明秩序から法文明秩序への変化を経験していない。古代の伝統は現代まで続
き，やっと自身と異なる文化形式，価値観及び社会制度と融合し始めた。共時
性の観点から見れば，21 世紀の中国も西洋社会と同じように「現代」に入っ
たが，文化的伝統，社会統制手段，人の意識などの面からみれば，今日の中国
は伝統を断ち切り，又は伝統に捨てられた後の現代を追求する過程にある。実
際，それはまだ新旧半々，半伝統的で半現代的なものであり，理性に憧れなが
ら人間関係に依存し，宗教と迷信を区別せずに，人治と法治が混同する不確定
な社会である。社会の枠組みの発展からみるに，中国は，伝統から現代に向か
う際に直面する問題は西洋と全く異なる。西洋はかつて，信仰から理性へ，宗
教から法へ，自然から人為へと変化する問題に直面した。しかし，中国が直面
しているのは，いかに人情関係から理性と信仰に，道徳から法と宗教に向かう
のかという問題である。さらに，現代化の過程で，中国は終始伝統を失い，自
らを失い，西洋文化に呑み込まれる危険に直面していた。そこで，伝統―現代
―ポストモダンという分析モデルで中国を見るのは，おそらく不適切であろ
う。

　そのために，全てのポストモダニズム（postmodernism）又は思潮[2]に対する
慎重な態度が必要になる。当然ながら，ポストモダニズムを研究する必要がな
くなったというわけではない。実際，ポストモダニズムの多くの主張，理論的

---

2)　ポストモダニズムに関する一般的な著作に関しては，以下の文献を参照。Zygmunt
　Bauman, Intimations of Postmodernity(1992); Steven Connor, *Postmodernist Culture: An
　Introduction to Theories of the Contemporary*(1989); Linda J. Nicholson ed., *Feminism/
　Postmodernism*, 1990; David Harvey, *The Condition of Postmodernity: An Enquiry
　into the Origins of Cultural Change*(1989); Fredric Jameson, Postmodernism, or, The
　Cultural Logic of Late Capitalism(1991); Jean-Francois Lyotard, The Postmodern
　Condition: A Report on Knowledge(1984); Christopher Norris, *What's Wrong With
　Postmodernism*(1990); Roy Boyne & Ali Rattansi eds., *Postmodernism and Society*
　(1990); Leslie Paul Thiele, *Thinking Politics: Perspectives in Ancient, Modern, and
　Postmodern Political Theory*(1997); Dennis Patterson, *Law and Truth*(1996).

観点，物事を認識する角度と研究手法は非常に参考になる。ポストモダニズムは，既存の学術的桎梏から解放を求める心情があり，特定の学説理論にこだわらない批判精神と独自の学究スタイルを持っている。これはポストモダニズムの多くの主張や観点よりも生命力があり，進歩を求める知識人の賛同を勝ち取ることができる。これらの特徴は，幾つかの現代主義の学派においてもある程度現れているが，ポストモダニストにおいて最も徹底されている。

　実際にポストモダニズムとは何か，ポストモダニストは誰か，誰の理論がポストモダニズムを代表するのかを指摘することは容易ではない。そこで，多くの批評家は，ポストモダニズムを定義できないという理由で，その存在を否認する。一般に，ポストモダニズムに分類される学者の関心分野と研究手法は一致しておらず，扱う問題も大きく異なっている。これらの個々の学者の学術上の貢献をポストモダニズムという言葉で表すことは難しい。例えば，ジャック・デリダとポール・ド・マンは，ポストモダニズムよりも構造主義哲学者と言う方が適切である。また，ミシェル・フーコーもポストモダニストであると言うより，ポスト構造主義者と呼ぶ方が適切であり，又は彼の学説をフーコー学説と言った方が適当かも知れない。リチャード・ローティは，有名なプラグマティストである。ただ，ジャン・フランソワ・リオタールのみが，『ポストモダンの条件』という有名な著作により正真正銘のポストモダニストと言える[3]。

　彼らをポストモダニズムの概念で結びつける根拠は，彼らの学説の中で表現されている共通の傾向があるからかも知れない。これらの傾向は非常に抽象的であるが，次のように要約できよう[4]。

①　真理，又は真実の擁護には，根本的又は超越的な思考の源があるという思想を否認する。

②　論述，文章又は事件が確定な唯一の意味を持つという観点を否認する。

---

3)　Jean-Francois Lyotard, *The Postmodern Condition: A Report on Knowledge*, Geoff Bennington & Brian Massumi trans., Manchester Univ. Press, 1984.

4)　Brian Bix, *Jurisprudence*, Sweet & Maxwell, 1999, p.231.

③　真実と物事の特徴は，社会又は文化の産物であると主張する。

④　様々な形式の壮大な叙事（例えば，歴史はさらに理性又は自由な方向に進んでいるという観点，法は「身分」から「契約」へと変化しているという観点）に反対する。

⑤　非理性又は無意識が人の行為に与える影響を強調する。

　ポストモダニズムは，一種の観念，思潮又は認知的態度としてプラグマティズムの真理観，現代言語哲学，解釈学，フランクフルト学派及び文化的批判理論などの学説と理論の影響を受けたことに疑いはない。それが観念性や思想的な存在として，相対的に言えば，把握されるのはそれほど困難ではないが，同じ語源から来たポストモダニティ（postmodernity）は把握しにくい。なぜならば，ここには多くの難解な要素が含まれているからである。ポストモダニズムが単なる思想であるとすれば，ポストモダニティは，この思想が現実社会において反映，体現されたものである。社会生活の形式や表現又は再現の内容が非常に異なっているため，ポストモダニティの社会における表現も多様である。人文分野では，ポストモダンの文学作品，芸術作品，建築デザイン，又は衣装などがそうであろう。しかし，社会政治制度の分野では，ある制度をポストモダンと決めつけるのは難しい。ポストモダンの詩，歌，絵画を受け入れるのは簡単であるが，ポストモダンの政治や法制度を想像することは難しい。フェミニストのように，これに努力をしている者がいるとは言っても。一部の分野に存在するポストモダニティは，他の分野には存在しない。法は，そのような分野である。法学の研究では早くからポストモダンの思潮が現れているが，いわゆるポストモダンの法は存在しない。一部の学者は，法のポストモダン化に関する問題に関心を持っているが，今できることはまだ意見を出すレベルにとどまっており，これ以上具体的に実践することはできない。少なくとも今のところ，ポストモダン法が来る兆候はない。現実的には，我々が生活している社会は，民主的であろうと独裁的であろうと，理性に基づく現代の法制度に依存する。一部の国では法の近代化が早く始まり，一部の国では遅れている。早く始まった国は他の国の模倣の対象になるかも知れない。そして，このような模倣

は現代に向かっているが，まだ現代を超えてポストモダンに向かうとは言えない。要するにポストモダンの法思潮は単なる思潮にすぎず，現実にはなっていない。もちろん，思潮は永遠に単なる思潮であるかも知れない。それゆえにこそ，思潮は素晴らしい。現実になれば，祝福ではなく災難になるかも知れない。

2　ポストモダンの法思潮の若干の特徴

　議論を法思潮の範囲に限定すれば，ポストモダンの法思想は，実際には非常に活発で示唆的であることが分かる。自分が法のポストモダニストであることを明確に認めている学者は少なく，おそらくピエール・シュラーグ[5]やスティーブン・M・フェルドマン[6]などの数人しかいない。しかし，ポストモダニストの手法で法学研究を行う者は少なくはない。よく知られているのはリチャード・アレン・ポズナーである。彼は，まずプラグマティズム法学の擁護者，法と経済学のシカゴ学派の学者であり，次にポストモダニストである。法と経済学のシカゴ学派とプラグマティズム法学をポストモダニストの法学の学派とみなすなら，ポズナーは屈指のポストモダン法学者になるはずである。キャス・サンスティーンのような温和なモダニストでさえ，ポストモダニズムの分析手法を用いることがある[7]。

　ポストモダニストは，生まれたばかりの嬰児で，臍帯がまだ母体に繋がり，

5)　Schlag はかつて批判法学の猛将であり，後にポストモダン法学の主導者になった。彼の著作の中で，"Normative and Nowhere to Go", 43 Stan. L. Rev. 167(1990)，"The Problem of Subject", 69 Tex. L. Rev. 1627(1991) 及び "Law and Phrenology"，110 Harv. L. Rev. 877(1997) などがよく引用されている。

6)　Feldman の American Legal Thought From Premodernism to Postmodernism: an Intellectual Voyage(2000) は，アメリカ法における現代からポストモダンまでの経験を詳細に論じ，内容が豊富で理解しやすく，一読の価値がある。

7)　Stephen M. Feldman, "Playing with the Pieces: Postmodernism in the Lawyer's toolbox", 85 Va. L. Rev. 151.

泣くことしかできず，独立を宣言できないようなものである。したがって，そ
れを理解するには，現代から着手するか，又は現代との対照をしなければなら
ない。現代の法制度と法学が，理性を基礎として，法の基本原理と規則を重視
し，法制度の統合を要求し，法の確定性と法の自主性を信じているとするなら
ば，ポストモダニストの法学は，これらの全てに対する質疑，批判，さらには
放棄である。これは，以下のことから容易に説明することができる。

　法の基礎からして，現代の法学は人間の理性の反映であり，法制度と法規則
は客観的な論理又は経験であると思われる。法におけるポストモダニストは，
法は客観的な論理体系ではなく，異なる利益集団の間の妥協及び人的要素の影
響の結果であると信じる。法が人間の理性をどの程度反映しているかを断言す
るのは難しい。正義，権利，自由などの主要な法原則は相対的であり，絶対的
な真理を表すものではない[8]。

　法制度の観点からすると，現代法学は，法規と裁判官を重視する。それに対
し，法のポストモダニストは，法の重点は言語とその解釈にあるとする。言語
は，法の担体としてそれが有する開放性は，規則と裁判官にベールをかぶせ
る。すなわち，保護と自由裁量の可能性を提供し，また，主体資格に挑戦を受
けさせる。解釈学は，厳格な法執行を実現することを更に困難にする。1つの
事件に対する正解は1つしかないという神話も崩壊し，法解釈の多様性と裁量
がそれに取って代わる[9]。

　法の独立性ということでは，現代の法学は，法が独立的であり，他の要素の
干渉を受けないとする。すなわち，法の制定は，宗教の教義や政治的イデオロ

---

8)　Robert P. George, "One Hundred Years Of Legal Philosophy", TVofre Dame L
　　Rev. 1533, June, 1999; Dennis Patterson, Law and Truth, Oxford University Press,
　　1996; Roberto M. Unger, Critical Legal Studies Movement, Harvard University
　　Press, 1986.
9)　Douglas Lind, "Free Legal Decision And The Interpretive Return In Modem
　　Legal Theory", 38 Am. J. Juris. 159(1993); Stanley Fish, Doing What Comes
　　Naturally: Change, Rhetoric, and the Practice of Theory in Literary and Legal
　　Studies(1989) を参照。

ギーを反映しない。法の執行は，法関係機関以外の干渉を受けない。それに対
し，ポストモダニストは，それが完全に信頼できないとして，法制度は閉鎖さ
れた体系ではなく，常に社会，政治，経済，宗教及びその他の様々な要素の影
響を受け，これらの要素に関する研究が法学研究における重要な任務であると
考える[10]。

　法の確定性については，現代の法学は，法の内容は基本的に確定的であり，
人々のある規則に対する理解は，ほぼ共通の認識を持ち，法言語には曖昧なと
ころがあるとしても，法全体の確定性には影響を与えないとする。しかし，ポ
ストモダニストは，法は基本的に不確定であると言う。なぜならば，法は言語
で表現され，言語は完全に異なる解釈を持つ可能性があるからである。同じ規
則でも，人々の理解は様々な要素の影響によって大きく異なる。それによって
適用上の違いも生じる。さらに，法は完璧なロジックではなく，法規則の間で
常に矛盾に満ち，これらの矛盾も法の不確定性につながる[11]。

　法の統合性に関しては，現代の法学は，基本的に一元論であり，一般に法制
度の統合を主張し，法制度をピラミッド構造として扱い，下から上にある最終
的な権威にまで遡ることができるとする。この権威は，一部の法に法制度の正
当性とその規則の有効性を与える。一方，ポストモダニストは，法制度の多様
性を主張し，様々な非西洋伝統又は多元的伝統における選択肢を検討すること
を強調する。それにより，法学研究は，法制度全体の構造と統合性を盲目的に
強調するのではなく，法知識の地域性と大きな構造の内部にある細かいところ
にもっと注意を払うべきであるとする。ジャン・ボードリヤールは，「残され
たのは，断片で遊ぶことだけだ。断片で遊ぶこと──それがポストモダンであ
る。」[12] と言う。

---

10)　Robert Rubinson, "The Polyphonic Courtroom: Expanding The Possibilities Of Judicial Discourse", 101 Dick. L. Rev. 3(1996) を参照。

11)　Linda Ross Meyer, "When Reasonable Minds Differ", 71 N. Y. U. L. Rev. 1467, (1996); Richard Neely, Why Courts Don't Work, McGraw-Hill Book Company, 1982 を参照。

12)　Jean Baudrillard, "Game with Vestiges", 5 On Beach 19, 24(1984); Matthew H.

　法の手法に関しては，現代の法学は，一般に裁判官が司法判断をする際に独特な法の推論手法やプロセス，すなわち，三段論法の演繹法，形式的推論，実質的推論，類推法，帰納法などの法手法の応用及び「先例に従う」というような特別な手法に依拠すると考えられている。いかなる推論法を採用しても，司法判断が形成される過程は，厳密な推論の過程であり，判決はこの過程から必然的に導き出されるものである。換言すれば，判決が成立する過程には，推論が先にあり，その後に判断が示されるということである。逆に，ポストモダニストは，推論があり判決が下されるのではなく，まず判決があり，その後にその理由を考えるとする。裁判官は，ある事件に直面する時に，まず決定を下し，その後にその判決を支える理由を考えるのである[13]。判決は，厳密な推論の過程から導かれる必然的な産物ではなく，裁判官個人の意思に満ちた必然性のない結果である。そうであるならば，判決は，ある事件に対する唯一の正しい判決ではなく，幾つかの選択肢の中の1つに過ぎないのかも知れない。そこで，人々は法と裁判所の公正さに対して疑念を持つ[14]。

　法とその他の社会現象との関係，及び法学とその他の分野については，現代の法学は，法の王国を確立することを旨として，法制度自身と法学自身の問題を研究することを重視する。それに対して，ポストモダニストは，法制度と様々な社会現象との関連と相互作用を重視し，学問分野の壁を超える手法で法

Kramer, Legal Theory, Political Theory, and Deconstruction, Indiana University Press, 1991.

13)　Robert A. Ferguson, "The Rhetorics of the Judicial Opinion: The Judicial Opinion as Literary Genre", 2 Yale J. L. & Human. 201, 213(1990). Patricia M. Wald, "The Rhetoric of Results and the Results of Rhetoric: Judicial Writings", 62 U. Chi. L. Rev, 1371(1995); Matthew H. Kramer, Legal Theory, Political Theory, and Deconstruction, Indiana University Press, 1991.

14)　Benjamin N. Cardozo, The Nature of The Judicial Process(1921); Philip J. Grib, S. J., "The Ethical Foundations of Judicial Decision-making", 35 Cath. Law(1991); Robert Rubinson, "The Polyphonic Courtroom: Expanding The Possibilities of Judicial Discourse", 101 Dick. L. Rev. 3(1996) を参照。

を研究することを主張する[15]。

　以上の概説は，簡単にすぎ，単にポストモダン法学の基本的な特徴を指摘しただけであり，これらの特徴については詳しい議論はしていない。このような概説ではあっても，必ずしも無意味ではないと考えるのは，我々がそれを中国の現状と結びつけたとき，その意義が明確になるからである。たとえ，ポストモダニストが，このような概説は意義がないと言うにしてもである。

3　ポストモダンの法思潮と中国の法制度確立の可能性省察

　多くの学者は，ポストモダニズムを中国に導入すれば，中国の法制度の構築に悪影響を及ぼす可能性があると懸念する。それは，中国は，まだ法制度の現代化に取り組んでいる段階で，法制度の現代化はまだ完成しておらず，ポストモダンの法思潮を中国に導入すれば，法制度の現代化の実現を妨げる可能性があると考えるからである。このように考慮することは，絶対に必要なことである。ただし，ポストモダニズムを理想，真理又は真実を発見する手法とはみなさず，現代化を考察する見方や立場として考えるのであれば，中国の法制度の現代化の進行を妨げないばかりか，むしろそれに積極的な役割を果たすかも知れない。例を挙げよう。

　過去数十年，法制度を確立することにおいて，中国の法制度改革者たちは，現代的法学を代表する分析法学を完全に受け入れており，法を規則による規範システムとみなし，法制度の構築の重点は完璧な法を制定することにあると主張し，裁判官の役割は，完璧な規則を実際の事件に適用して判決を下すことであると考えている。すなわち，法実務より法理論の方を重視している。この考え方は，実際には問題がある。なぜならば，これは国による法制度の統制の必要性，及び法適用への誤解に基づいているからである。

---

15)　Matthew H. Kramer, *Legal Theory, Political Theory, and Deconstruction*, Indiana University Press, 1991 を参照。

　一面において，国家は，法を超越する抽象的な政治力であるので，法制度を統制しようとするならば，比較的に効果的方法は，国家の厳格な管理下で国家の意志を反映する規則を制定し，法により立法者の資格を決定し，国家を法制度の唯一の最終合法的な源にすることである。

　しかし，この立場は，法制度の運用に関して，深刻な誤解によるものであると言えよう。ポストモダンの研究によれば，法は，裁判官による解釈と適用なしには死した規則に過ぎず，いかなる案件にも直接に適用できない。規則中心主義は，この事実を無視又は拒否し，規則の完璧さと正確を盲目的に強調し，単純で一般的な規則をもって人間の行動を総括できると考えている。

　この立場は，法制度を確立する上で巨大な資源の浪費をもたらしている。法規則の制定に熱中しているので，法の公布又は法の法典化のために，法学界で最も優秀な人材がユスティニアヌスとナポレオンの影響下で知恵を絞り，時間と労力を費やし，あたかも完璧な法を制定しさえすれば，未来永劫の法制度が完成されると考えたからである。しかし，事実は，いかなる法典や法も完全ではないし，ある分野の法典で当該分野における全ての既知と未知の法関係をカバーすることは不可能である。さらに，知識や人的資源を含む法資源は，どの国でも有限であり，いかにこれらの資源を有効に活用するかは，法制度の構築の成否に関わる問題である。もしほとんどの力を法の制定に注ぎ込めば，他のことに注ぐ力，例えば，裁判所の設置，司法関係者の養成，一般人の法意識の育成などが必ず削がれる。この意味では，法規則中心主義は，法資源を大いに浪費するものである。

　規則中心主義にかなう中国の法学界で通用する考え方は演繹法，すなわち，既定の前提から結論を導き出す手法である。この考え方の基本的なモデルは，アリストテレスの三段論法である。すなわち，「全ての人間は死す。ソクラテスは人間である。ゆえにソクラテスは死す」である。中国の言葉で言えば，「十五夜は満月である。今日は十五夜である。ゆえに今日は満月である」となる。これを法の運用に応用する場合，「規則＋事実＝結論」となる。これは必然性のある推論である。結論の正否は，前提の正否に依存する。したがって，

規則中心主義は，前提となる規則の重要性を特に強調している。

　この考え方は，規則中心主義の要求に適合するが，法実務の複雑さを極度に簡略化している。規則中心主義の立場からすると，大前提となる規則はなるべく正確，明確，具体的にほとんどの法的関係をカバーすべきである。法制度の予見可能性と公平性は，事前に確立された規則を判断基準にするということに依拠する。そして，その基準は裁判官，弁護士，当事者及びその他の全ての公民に対して平等である。裁判官は，法で社会正義を保障し，紛争を阻止し，社会秩序を維持するために，既定の規則を公平に執行しなければならない。事前に確立された規則がなければ，良好な法秩序の維持は不可能である。

　実際には，裁判官が判決を下す際に，それに影響を与える主な要素，すなわち規則，裁判官と事実という3つの要素には大きな不確定性がある。それは規則中心主義者が想像するほど簡単ではない。まず，規則に関して言えば，規則は言語で表現されるが，言語には確定性と不確定性という二重の困難があることを指摘できる。規則は，指導性を示すものであり，簡潔明瞭さのために時間，結果，目的などの規則制定の背景を記載せず，要件の列挙又は例示，もしくは原理的規則をもって基本骨格を示すしかない。しかし，規則を理解して執行するには，制定の背景を理解するのが非常に重要であることは，現代の法解釈学で十分に肯定されている。もう一方，規則が言語で記されると，言語の不確定性で同じ規則が異なる角度から解釈され，それによって異なる判決がもたらされる。

　裁判官に関しては，理想的に言えば，人々は裁判官が公平であり，個人的な感情や偏見を排除し，客観的かつ公正に事件を処理することを期待する。しかし，実際には，裁判官は人であり，裁判官になっても個人の習慣や特性が質的に変化することはない。裁判官は，法を厳格，公正，客観的に，そして公平に執行することが義務付けられているが，これらをやり遂げるのは容易ではない。マクミラン裁判官が指摘したように，裁判官に就任した時の宣誓は，公正に法を執行する高尚な職責を裁判官に付与するものであるが，公正な司法は容易に達成されるものではない。裁判官が法服を着たとき，人間としての共通性

を放棄するわけではない。一般人の頭の中は，人に知られない先入観で満ちている。ガラスのような無色透明である人は極めて少ない。しかも，そのような人はおそらく司法において必ずしも効率が良いわけではない。なぜならば，理性の冷たい光は，想像力と感情の暖かさと調和する必要があるからである[16]。しかし，規則中心主義者は，この点に関する理解を欠く。

　実際，裁判官は，判決が形成される過程で常に中枢にいる。規則は，裁判官に対する制限と指導の役割を果たすが，裁判官は，規則を選択する自由を有する。規則は，裁判官の手にその生命と意義が委ねられる。規則は，一連の同様のケースにおける適用を通じて，度重なる修正，損得が衡量されて，生命が与えられる。これは，法の発展が進化する過程である。ハンデ裁判官は，正義は法の弁証法によるというより，むしろそれが法廷の雰囲気に依拠し，結局は裁判官により執り行われると指摘している[17]。

　事実ということに関しても，やはり不確定的である。事件の真相は，裁判官に示されたものと同じではない。事実は，法的手続に入ったときには，既に取捨選択された法的事実，又は構築された法的事実となっている。同じ事件でも，異なる角度からみれば，異なるバージョンが得られる。黒澤明の映画「羅生門」は，この好例である。ここで重視されるのは，事実判断の適否ではなく，既に構築された事実にしばしば主観的な意図が含まれており，このために事実が不確定になるということである。それゆえに，主観的事実と客観的事実という概念が生まれたのである。

　さらに，法の適用において，政治，宗教，メディア，人種，性別などの様々な外的要素の影響と干渉を受けることがある。これらの影響や干渉は，明白な場合もあれば，微妙で認識し難いこともある。

　要するに，法制度の適用は，非常に複雑な行為であるということである。規則と事実が結論に等しいという規則中心主義モデルは，この行為を総括し，かつ指導することはできない。さらに，規則中心主義と演繹法を主要な考えとす

---

16)　Lord Macmillan, *Law and Other Things*, 217, 218(1939).

17)　Judge Learned Handin *Brown v. Walter*, 62F. 2d798, 799 800(2dCir. 1933).

る法思想は，法制度の不均衡な発展をもたらし，立法を法制度の核心に据え，他の側面をなおざりにする。ポストモダン法学は，規則中心主義の限界を十分に認識することにその出発点を与えた。

第 9 章

批判法学とポストモダン法学*

1 はじめに

　1970年代末に西洋の法学界を揺さぶった批判法学運動[1] (Critical Legal Studies Movement) は，今や既に歴史になった。ある人は，「法と政策」誌で批判法学を覚えている人がまだいるだろうかと問う[2]。仔細に検討すれば，批判法学の衰退は特に残念なことでもない。今日の世界では，全てが急速に変化しており，20年以上の歴史は法学の学派からすれば，長寿といえる。さらに，

　＊　初出は，朱景文編『当代西方後現代法学』法律出版社（2002年）。
　1)　批判法学の一般的な紹介に関しては，Mark Kelman, *A Guide to Critical Legal Studies*(1987); Jonathan Turley, "Roberto Unger's Politics: A Work in Constructive Social Theory: Introduction: The Hitchhiker's Guide to CLS, Unger, and Deep Thought", 81 Nw. U. L Rev. 593, 594(1987); Joan C. Williams, "Critical Legal Studies: The Death of Transcendence and the Rise of the New Langdells", 62 N. Y. U. L. Rev. 429(1987); Roberto M. Unger, "The Critical Legal Studies Movement", 96 Harv. L. Rev. 561 (1983); Duncan Kennedy and Karl E. Klare, "A Bibliography of Critical Legal Studies", 94 Yale L. J. 461(1984); Andrew Altman, Critical Legal Studies; A Liberal Critique (1990); J. M. Balkin, "Ideology as Constraint, 43 Stan. L. Rev. 1133(1991); David Kairys(ed.), The Politics of Law,(revised), 1990; Duncan Kennedy, A Critique of Adjudication[fin de siecle](1997). 中国語の文献に，朱景文編『対西手法伝統的挑戦—美国批判法研究運動』，及び張文顕，信春鷹，呉玉章などによる論文がある。
　2)　E. Dana Neacsu, "CLS Stands For Critical Legal Studies, If Anyone Remembers" 8 J. L. & Pol'y 415, 2000.

批判法学の衰退は，学術団体として存在しなくなったことであるが，その基本的命題と主な観点は他の法学派に継承されている。ある意味で，現在のいわゆるポストモダン法学の諸学派は，ほとんど直接又は間接的に批判法学を継承し，発展してきた。

　一般にポストモダン法学と呼ばれるのは，単一の法学派や法思想ではない。それは様々な法思想，思潮，観念又は認知的態度で構成された非常に複雑で，かつ互いに矛盾する可能性のある知識集団又は知識状態である。ポストモダニズムと呼ばれる法学派の中で，直接に批判法学の影響を受けたのは，フェミニズム批判法学（FemCrits），批判的人種理論（RacCrits），及び最近興ったいわゆるラテン批判法学（LatCrits），クィア批判法学（QueerCrits），並びにアジア太平洋系アメリカ人批判法学（APACrits）である。批判法学がなければ，哲学におけるポストモダニズム，解釈学，ポスト構造主義及び脱構築主義などの思潮の影響があっても，ポストモダン法学派は生まれなかったかも知れない。確かに「学派」という言葉を使ってポストモダン法学を形容することは，おそらく妥当ではないだろう。この言葉は正式なものではあるが，ほとんどのポストモダン法学派は，自然法論，歴史法学，法実証主義，社会法学の「学派」と比べられるものではなく，「派」とも「流」などとはいえないものである。それでも本章では叙述の便宜上この呼称を使用する。

　本章では，批判法学の基本的な特徴から，批判法学とポストモダン法学の間の若干の関係を指摘し，批判法学によって生み出されたポストモダン法学の学派について概説する。

2　批　判　法　学

　批判法学運動は，1977年に米国ウィスコンシン州で開催された批判法学大会に始まる。参加者のほとんどは若い学者であり，彼らはロースクールや法学研究活動において1960年代後半から1970年代初頭までの行動主義の影響を強く受けていた。彼らは，自由主義法学の伝統は，発展，変化する社会と法の現状に

適応できなくなったことでもたらされた法学の危機意識を持って，その大会に集まっていた。批判法学は，西洋左派の社会理論の土壌に根付き，マルクス主義，フランクフルト学派，リアリズム法学，及び脱構築主義などの社会思潮から力を獲得した。その西洋の自由主義法制度及び法学教育制度などに対する攻撃と批判は注目を浴びた。最も保守的伝統を擁護する者であっても，この学派の台頭は西洋の法制度と法学にとって深刻な挑戦であると認めざるを得ない。

　その名のとおり，批判法学は，批判的な態度で現代社会の自由主義法制度を研究するものである。それは台頭した後に，その研究分野を法理学，法制史，法教育，憲法，財産法，契約法，不法行為法，刑法，弁護士制度，労働法など様々な法学分野に広げていった。批判法学は，これらの分野に対する研究と批判を通じて，一連の新しい主張と見解を生み出した。紙幅の都合上，ここでは，これらの分野における批判法学による主な観点と命題のみを簡単に叙述し，批判法学とポストモダン法学との関係を検討する。

(1)　法 と 理 性

　自由主義法学は，法は人間の理性の反映であるとする。法制度と規則は，客観的な論理や経験の体系である。批判法学は，法は，異なる利益団体の間の妥協と人的要因による結果であり，客観的な論理体系ではないと言う。法がどの程度まで人間の理性を反映しているかは分からないし，正義，権利，自由などの主な法原理も相対的なものであり，絶対的な真理を代表するものではないと考えるからである。

(2)　法の独立性

　自由主義法学は，法は独立しており，他の要因からの干渉を受けないと言う。すなわち，法の制定は，宗教の教義や政治イデオロギーを反映するものではなく，法の執行は，非司法機関の干渉を受けていないとする。しかし，批判法学は，その観点は信じられず，法制度は閉鎖的体系ではないとする。それは，常に社会，政治，経済，宗教及びその他の様々な要素の影響を受けている

と考える。これらの要素に関する研究は，法学研究の重要な任務である。

(3)　法の確定性

　自由主義法学は，法の内容は基本的に確定的なものであると言う。人々のある規則に対する理解は，ほぼ共通した認識に至ることができる。法律用語には，曖昧な点があるが，それでも法全体の確定性には影響はない。それに対し，批判法学は，法は根本的に不確定であると言う。なぜならば，法は言語で表現されており，言語は完全に異なる解釈を持つ可能性があるからである。人々の規則に対する理解は，様々な要素の影響を大きく受け，適用も違ってくる。さらに，法制度は，完璧な論理体系ではなく，法規則の間に常に矛盾があることも法の不確定性を引き起こす。

(4)　法の統合性

　自由主義法学の擁護者は，法源に関してほとんど一元論を主張する。一般に法制度には統合性があると主張し，法制度はピラミッド構造であり，法制度に正当性及び規則体系の有効性を授ける最終的な権威の源にまで遡ることができるとする。これに対し，批判法学は，法制度の多元化を主張し，様々な非西洋伝統又は多元的伝統を探ることを強調する。批判法学は，法学研究において様々な法の経験及び知識の限界を重視すべきであり，法制度の全体的構造及びその統合性と整合性にのみ目を向けるべきではないとする。

(5)　法　の　手　法

　自由主義法学は，裁判官が司法判断をする際に独特な推論の手法や過程，例えば，三段論法である演繹法，形式的推論，実質的推論，類推法，帰納法，先例などの手法を用いるとする。いかなる推論によっても，司法判断は形成的には厳密な推論の過程を経るものであり，司法判断はこの過程の必然的な産物であると言う。しかし，批判法学は，司法判断は厳密な推論過程による必然的な産物ではなく，裁判官の個人的な意志に満ちた非必然的な結果であると考え

る。すなわち，すでに行われた司法判断は，ある事件に対する唯一の正しい判決ではなく，幾つかの選択肢の中の1つにすぎないかも知れないということである。裁判官によって，その選択が異なる可能性がある。

　要するに，批判法学の観点は，法は客観的，科学的，又は論理的な知識体系もしくは恒久的な自然法則を反映するものではなく，様々な要素の影響を受ける社会現象であり，人為的制度であるとする。とりわけ重要なのは，法が政治，経済，社会に密接に関連し，内容から形式まで全て独立した社会現象ではないということである。自由主義者が構築したいわゆる法の自治，法の確定性，法の中立性という法学理論は単なる神話にすぎない。

　批判法学の自由主義法学に対する批判には，深淵な歴史的意義がある。それは自由主義による法制度に関する人々の見方と基本的態度を一変させた。このことは，自由主義による法の伝統と法学の神話を維持することを困難にさせた。遺憾なことには，批判法学は，自由主義法学とそれによる伝統に激しい攻撃と批判を行った後に，自由主義法学と法制度に取って代わる観念，制度や手法などを確立できなかったことである。このことは，批判法学が長期的に機能できなかった理由の1つであろう。そこで，批判法学は，期待された変革的法学（transformative jurisprudence）から事実上の過渡的法学（transitional jurisprudence）に変わった。幸い，批判法学による批判的精神と幾つかの主要な命題は，批判法学の衰退後に勃興した他の法学の学派に継承され，批判法学は，現代法学からポストモダン法学への不可欠な橋渡しの役割を担った。

3　批判法学とポストモダン法学

　批判法学とポストモダン法学との関連性については，学者，主題，及び学派という3つの側面から検討できる。

⑴　学　　　者
　学者については，批判法学の主な代表者として，ダンカン・ケネディ

(Duncan Kennedy)，ピエール・シュラーグ（Pierre Schlag），ピーター・グッド
リッチ（Peter Goodrich），バルキン（J. M. Balkin）などの学者を挙げることがで
きる。彼らは，批判法学者でもあり，ポストモダン法学の擁護者でもある。批
判法学者のリーダーと称されるロベルト・マンガベイラ・ウンガー（Roberto
Mangabeira Unger）は，例外かも知れない。彼は，モダニズムの観点から自由
主義法制度を批判し，この観点から彼は，「超自由主義」（super liberalism）も
自由主義法制度と政治理論に基づいて確立され，かつそれを改善する一種の構
想であると提唱している[3]。同時に，アンガーも壮大な理論の構築に熱心な左
派の思想家である。彼の初期の論文「批判法学運動」は，批判法学の分野でよ
く知られている。特に，この論文における科学主義，客観主義及び形式主義に
対する批判の鋭さは，直接的又は間接的にポストモダン法学に思想の源を提供
した[4]。しかし，アンガーが提唱する権利システムは，実際にはホーフェルド
やドゥオーキンのような自由主義法学者による権利観を基礎に構築されたもの
である。アンガーが，生涯心血を注いで作り上げた反必然性の社会理論自体
は，マクロ的歴史の叙述であり，ポストモダニズムに提唱される細かい，部分
的，地域的な制度及び文化的研究手法とは全く異なる。ただし，当該理論で，
彼が提唱した地域的政治，コミュニティーの構築は，ポストモダニストにおけ
る研究と一致している[5]。また，彼が2000年に出版した『法分析はどのよう
なものになるべきか』では，法におけるシミュレーション推論の適用を体系的
かつ批判的に説明し，シミュレーションと人は共にあるものであると申言して
いる[6]。シミュレーションに基づく推論は，熱心なポストモダニズム法学研究
者が注目する問題の1つでもある。

　批判法学のもう1人の代表学者であるケネディは，1983年に『法学教育と

---

3)　Unger, *False Necessity, Anti-Necessitarian Social Theory in the Service of Radical
　　Democracy*（1987）.

4)　Unger, "The Critical Legal Studies Movement", 96 Harvard L. Rev. 561（1983）.

5)　Unger, *False Necessity, Anti-Necessitarian Social Theory in the Service of Radical
　　Democracy*（1987）.

6)　洪川，北大法学評論（第1巻第2期）参照。

階層の再生産』を著し，大きな論争を巻き起こした[7]。この本は，批判法学を研究する学者の必修科目になっている。アンガーと違い，ケネディは最初から自由主義の法制度に取って代わるマクロ理論を構築するという野心を持っていなかった。彼は，最初からずっとポストモダニストの研究手法を使用している（例えば，脱構築主義を法学研究に適用すること）と言えるかも知れない。ただ，当時，ポストモダン法学はまだ台頭しておらず，人々によく知られるのはまだ批判法学運動であった。そこで，彼はずっと批判法学の代表的な学者とみなされていた。ケネディの後期の著書に例えば『Sexy Dressing, Etc.』[8]と『A Critique of Adjudication』[9]があるが，この中で，彼のポストモダニストの傾向が顕著に現れてくる。彼は，批判法学とポストモダン法学の発展過程における代表的な人物である。

　もう1人の学者，シュラーグも批判法学運動における最も重要なポストモダニストの1人である。彼は，かつて批判法学の猛将であり，その後にポストモダン法学の先導者になった。彼の一部の著作はポストモダン法学の代表として広く引用されていた[10]。ケネディと同様に，シュラーグは，はじめは批判に注目するだけで，再構築を軽視していた。ただ，彼の批判を支える理論はポストモダニズムによるものであり，デリダとフーコーの学説が彼の理論的根拠となっている。1997年に行われた研究では，彼はフーコーの手法を使用し，骨相学（phrenology）と法学の比較を通じて，自由主義法学理論と自由主義法制度の虚偽性，非科学性，政治性を明らかにした[11]。

---

7)　Duncan Kennedy, *Legal Education and the Reproduction of Hierarchy: A Polemic Against the System*, (1983).

8)　Duncan Kennedy, *Sexy Dressing*, Etc., Harvard University Press, 1993.

9)　Duncan Kennedy, *A Critique of Adjudication [fin de siecle]*, Harvard University Press, 1997.

10)　Schlag, "Normative and Nowhere to Go", 43 Stan. L. Rev. 167(1990); "The Problem of Subject", 69 Tex. L. Rev. 1627(1991); "Law and Phrenology," 110 Harv. L. Rev. 877(1997).

11)　同上。

　また，グッドリッチやバーキンの諸学者の著作も明らかにポストモダニズム
の傾向を示している。批判法学の隆盛期に，この学者たちも批判法学の主要な
戦将であった。

⑵　主　　　題

　上述した批判法学における主要命題，すなわち法の非科学性，客観性，非自
主性，非確定性，非中立性及び政治性は，ポストモダン法学において十分に体
現されている。ラテン批判法学，批判的人種理論，フェミニズム批判法学や同
性愛批判法学において，これらのテーマは十分に反映されている。これらの学
派は，自由主義法制度と自由主義法学に対して批判的な態度をとるという明白
な傾向を示している。そして，自由主義における法の神話及び法の確定性，法
の独立性及び客観主義と科学主義，これら全ての法における反映に対して否定
的態度をとっている。法推論の研究では，ポストモダニストは批判法学の学者
よりもはるかに進んでいる。彼らの観点によれば，法推論は実際には看板でし
かなく，ほとんどの場合，裁判官は最初に観点を形成し，これに基づいて決定
を下す。その後，判決を正当化するための根拠を提供する判例又は先例や理由
を見付ける。自由主義者の説と異なり，法決定は非常に厳密な論理的分析と論
理的推論による必然的な結果ということではない。

⑶　学　　　派

　法学派については，批判法学の影響を受けたか，又は批判法学の基本的内容
を含むポストモダン法学の学派が数多くある。中でも，重要な学派は，上述し
たフェミニズム批判法学，批判的人種理論，ラテン批判法学，同性愛批判法学
及びアジア太平洋系アメリカ人の批判法学である。これらの学派の共通の特徴
は，ⅰ）非主流又は主流以外の法学（outsider jurisprudence），ⅱ）反従属法学
（anti-subordination），ⅲ）ポストモダン法学にある。
　①　フェミニズム批判法学
　フェミニズム法学と批判法学は深い繋がりがある。実際に，フェミニズム法

学は19世紀にまで遡るが，より過激なフェミニスト批判法学が現われたのは
1960年代，1970年代になってからであった[12]。当該学派の出現は，批判法学
における女性問題に対する無関心な態度への対応でもある。初期の批判法学と
フェミニスト批判法学は，長い道のりを同走してきた。しかし，フェミニスト
批判法学は，ほとんどの批判法学者が自由主義法学を批判するとき，その姿勢
と基本的手法は自由主義法学と本質的な違いがないことに気づいた。特に女性
問題に関しては自由主義法学よりも男子至上主義であった。そこで，フェミニ
スト批判法学者は，批判法学に別れを告げ，自分たちの世界を作り始めた。フ
ェミニスト批判法学は，国家の権力と法は中立的ではなく，男子家父長制が政
治に体現されているとみる。彼らは，人の理性を前提とする法制度及び法学の
源は，女性の権利を顧みていないと考える。なぜならば，男女の別があり，そ
れぞれの関心事項と必要とすることも異なるからである。男は規則的で，女は
感情的であるとする。男性中心に確立された現代の法制度は，マッキノンの表
現によると「男性の女性に対する見方で女性を扱う」のである[13]。このような
法制度は，女性を抑圧していないとは言っても，女性にとって不利である。

　フェミニスト批判法学は，極めて重要な2つの問題に焦点を当てている。1
つはいわゆる性同一性（gender identity）の問題であり，もう1つは公的領域と
私的領域の区別である。フェミニスト批判法学は，人の性別の役割は，自然の
産物ではなく，社会によって構築されたものであるとする。また，公的領域と
私的領域を分け，女性の伝統的な活動を私的領域に制限している。その結果，
女性は家庭内暴力を受ける可能性があり，しかも無報酬の家庭労働に従事させ

---

12)　Lisa R. Pruitt, "A Survey of Feminist Jurisprudence", 16 U. Ark. Little Rock
L. J. 183, 1994; Esther Vicente, "Feminist Legal Theories: My Own View From
A Window In The Caribbean", 66 Rev. Jur. U. P. R. 211, 1997; Dennis Patterson,
"Postmodernism/Feminism/Law", 77 Cornell L. Rev. 254, 1992; Catharine A.
MacKinnon, "Points Against Postmodernism", 75 Chi-Kent. L. Rev. 687, 2000.

13)　Catharine A. MacKinnon, "Feminism, Marxism, Method, and the State: Toward
Feminist Jurisprudence", Journal of Women In Culture And Society, 1983, Vol. 8,
No. 4.

られている。

　批判法学とフェミニスト批判法学は，主流の法文化に対する批判として，主流の法文化を認識，批判する際に採用した概念，原理及び方法論に関して共通認識を持っている。例えば批判法学と同じように，フェミニスト批判法学も法の自主性，客観性と中立性を信じておらず，これを出発点として，法により女性が抑圧されていることを論証し，法のイデオロギー的機能を明らかにし，法に女性の権利と価値観を体現するように求める。上述した公的領域と私的領域の区別も，実際に批判法学者によって提起されたものである。

　フェミニスト批判法学者が注目する問題と採用した手法は，ポストモダン法学のそれとほぼ同じである。したがって，それはフェミニズムとポストモダニズムの二重の身分を兼ね備えている。フェミニスト批判法学のポストモダニティは，それが追求する価値の多元性，形式の多様性，及び研究範囲の限定性のみならず，それが使用した手法にも現れている。フェミニスト批判法学は，批判的な目で人の知識の性質及びその社会的役割を検証しており，本質主義への批判はそのポストモダニティの現れである。マッキノンはかつて，ポストモダン法学はフェミニスト批判法学者の一部の思想と研究手法を剽窃していると批判したことがあるが，その批判には道理があるかも知れない[14]。なぜならば，ポストモダン法学における手法と関心事項は，フェミニスト批判法学のそれと同じであるからである。ポストモダン法学は，フェミニスト批判法学の後で生まれたものであるから，剽窃の疑いがある。

　② 批判的人種理論

　批判的人種理論とフェミニスト批判法学は，実際には同じ銅貨の表と裏である。フェミニスト批判法学は，女性の立場から自由主義法制度と自由主義法学を認識し，批判する。一方，批判的人種理論は，少数民族（主にアフリカ系アメリカ人）の立場から自由主義法制度を認識し，批判する。当該理論は，自由民

---

14)　Catharine A. MacKinnon, "Points Against Postmodernism", 75 Chi -Kent. L. Rev. 687(2000); Dennis Patterson, "Postmodernism/Feminism/Law", 77 Cornell L. Rev. 254(1992).

権運動は大きな成果を収めたにもかかわらず，自由主義法思想は依然としてア
フリカ系アメリカ人や他の少数民族に信頼されていないとする。批判的人種理
論学者は，平等論，法推論，理性主義及び憲法中立原則を含む自由主義法秩序
の基盤を攻撃する。彼らは，自由主義の価値は，恒久的な原則ではなく，白人
至上主義を正当化するために慎重に設計された社会構造であると言う。彼ら
は，法の支配は，原理的な政府に関する虚偽の承諾であると考える。彼らは，
法実務は，種族解放闘争のもう1つの戦線であると言う。

　批判的人種理論は，1989年の批判的人種理論の第1回会議で生まれ，その
源流は，一部は1950年代と1960年代の公民権運動にあるが，直接的には批判
法学にある。フェミニスト法学と同じように，批判的人種理論は，自由主義の
法制度と学説が吹聴した法の普遍性，自主性，確定性などの法的価値は，少数
民族にとって実際にはあまり意味がないとしている。なぜならば，現代の西洋
法制度では少数民族が疎外されており，彼らの声は主流の言説にかき消されて
いるからである。したがって，伝統的な法制度と道理は，少数民族の権利を守
ることができずにいる。批判的人種理論によれば，自由主義法制度は，実際に
は「無色」(color-blinded) ではなく，それは現実のアメリカにおける人種差別
と人種的階級体系を保障するものである。したがって，批判的人種理論の提唱
者は対話，少数民族に対する不公正な扱いへの是正を通じ，少数民族の経験で
自由主義法制度の改革を促し，少数民族の利益を法的保護に組み入れ，そし
て，自由主義法制度において少数民族が被った損害と損失を是正又は補償する
ことを提唱する[15]。

　実は，多くの批判的人種理論学者は，フェミニスト批判法学者でもある。批
判的人種理論における重要な概念，例えば反基礎主義などはフェミニスト批判
法学者によって提起されたものである。フェミニスト批判法学者や他の法学者

---

15)　批判的人種理論については，Kimberle Crenshaw et al.(eds.) *Critical Race Theory:*
　　The Key Writings That Formed The Movement(1995); Richard Delgado(ed.),
　　Critical Race Theory: The Cutting Edge(1995); Derrick Bell, "Racial Realism", 24
　　Conn. L. Rev.(1992) 参照。

と同様に，批判的人種理論学者に注目される問題と使用される手法もポストモダニズムの特徴がある。ただし，批判的人種理論学者らは，法制度における少数民族の地位と法制度の少数民族に対する態度により強い関心を寄せている。批判的人種理論の発展は，いわゆる非白人の法学理論を生み出した。

　批判的人種理論による自由主義法秩序への批判は，無原則で無益な攻撃とされている。批判法学と同じように，当該理論は，自由主義法学の核心的価値に取って代わる思想と概念を提案できなかった。それは徹底的に全ての既成の法原則を否定するポストモダニズムのやり方で，単に批判を目的とする学派になった。人種という狭い考え方で，自由主義より完璧な選択を想像することができずにいる。そして，それは「法の支配」というようなアメリカの立国の原理を否定するので，政治的な苦境に立たされている[16]。こうした理由から，批判的人種理論は，批判法学よりも不利な状況にある。また，批判的人種理論は，アフリカ系アメリカ人の利益を強調しすぎ，それに共感する白人の学者やアフリカ系アメリカ人と同じ又は近い法的扱いを受けた他の少数民族の学者を疎遠にした。そうであるから，その後にラテン批判法学が興ったのである。

　③　ラテン批判法学

　当該学派の間接的思想の源は，1972年のロドルフォ・アクーニャ（Rodolfo E. Acuna）が著した『占領下のアメリカ：チカノスの歴史』（Occupied America：A History of Chicanos）と1960年代，1970年代に興ったメキシコ系アメリカ人運動に遡ることができる。アクーニャは，この本で米国がそもそもメキシコに属した領土をいかにして獲得したかを論じ，メキシコ系アメリカ人の運動に深い影響を与えた。しかし，当該学派の誕生は，1980年代以降のアメリカロースクールで教鞭を執るラテン系の教授が一定の数に達した後であった。ラテン系の教授らは，自由主義法学と新興学派の差別禁止法に関する態度に不満を持っていたため，年次総会の際に小規模なシンポジウムを行い，その後に論文を発表した。1997年にプエルトリコで開催された全米スペイン・ポルトガル語

---

16)　Jeffrey J. Pyle, "Race, Equality and the Rule of Law: Critical Race Theory's Attack on the Promises of Liberalism," 40 B. C. L. Rev. 787(1999).

族弁護士協会の座談会席上，彼らは，学術成果をラテン批判法学理論と呼んだ[17]。

　当該学派は，批判的人種理論と常に同盟関係を維持しており，批判的人種理論の分派とみなすことができる。ラテン批判法学の参加は，批判的人種理論の発展を全面的に促進し，それを充実させたが，異なるところもある。ラテン批判法学の主な特徴は，ラテン系の少数民族の米国法制度における位置，地位を前提に，ポストモダニズムの手法を採用し，主流の法制度と法学派を分析し，批判することにある。当該学派の誕生は比較的に遅かったので，まだ発展途上にある。主な代表者は，カリフォルニア大学バークレー校で教鞭を執るフランシスコ・ヴァルデス（Francisco Valdes）とマイアミ大学ロースクールで教鞭を執るエリザベス・イグレシアス（Elizabeth M. Iglesias）などである[18]。1997年以来，当該学派は何度も会議を行い，意図的にラテン系学者をその旗のもとに集め，集団意識を形成させ，利益集団を構成し，自由主義の法秩序と自由主義の法学に支配されるアメリカで自分達の地位を勝ち取った。

---

17)　ラテン批判法学に関する一般的な文献については，以下を参照。Jean Stefancic, "Latino and Latina Critical Theory: An Annotated Bibliography", 85 Calif. L. Rev. 1509(1997); Symposium, "LatCrit Theory: Naming and Launching a New Discourse of Critical Legal Scholarship", 2 Harv. Lation L. Rev. 1(1997); Symposium, "Difference, Solidarity and Law: Building Latina/o Communities Through LatCrit Theory", 19 Chicano-Latino L. Rev. 1(1998).; Symposium, "International Law, Human Rights and LatCrit Theory", 28 U. Miami Inter-Am. L. Rev. 1(1997); Symposium, "LatCrit Theory, Latinas/os and the Law", 85 Cal. L. Rev. 1087 (1997); Colloquium, "Representing Latina/o Communities: Critical Race Theory and Practice"; Francisco Valdes, "Under Construction: LatCrit Consciousness, Community and Theory", 85 Cal. L. Rev. 1087, 93-96(1997); Symposium, "Rotating Centers, Expanding Frontiers: LatCrit Theory and Marginal Intersections", 33 U. C. Davis L. Rev. (2000).

18)　Francisco Valdes, "Under Construction-LatCrit Consciousness, Community, and Theory", 85 Calif. L. Rev. 1087(1997); Elizabeth M. Iglesias, "Identity, Democracy, Communicative Power, Inter/National Labor Rights and the Evolution of LatCrit Theory and Community", 53 U. Miami L. Rev. 575(1999).

④ クィア批判法学

クィア批判法学は，ラテン批判法学とほぼ同時に生まれ，性的マイノリティ
が法制度において受けた不平等な待遇を出発点に，自由主義法制度と自由主義
法学を認識し，批判する[19]。当該学派も，批判法学，フェミニスト批判法学，
批判的人種理論及びラテン批判法学が注目する主要な問題に関して，それらの
学派の立場を認め，その研究手法もポストモダン法学と同じである。当該学派
に支持される影響力のある学者はフーコーである。また，多くの法学者の中で
非常に注目されるのはヴァルデスである。彼はラテン批判法学の創始者である
が，クィア批判法学の創始者の１人でもある。ヴァルデスは，クィア批判法学
の発展のために，策略をめぐらした。クィア批判法学は，現在も発展の初期に
あり，まだロースクールから普遍的な注目を集めていない。批判法学，フェミ
ニスト批判法学及び批判的人種理論のように，すでにアメリカの主要なロース
クールにおいて地位を得ているわけではない。当該法学は，現在も主要なロー
スクールに受け入れられるかどうかといった問題に直面しているが，一部のロ
ースクールではそれに関連する授業を行う人も出てきた。

⑤ アジア太平洋系アメリカ人批判法学

ここで言及する価値があるのは，アメリカの法学界で頭角を現しつつあるア
ジア太平洋系アメリカ人批判法学である。当該学派は，批判法学と批判的人種
理論に啓発され，ポストモダニズムの手法を法学研究に応用し，少数民族によ
る法の経験を出発点とする知的運動である。相対的にこの学派の学術成果は多
いとはいえない[20]。また，アメリカ・インディアン法学者の中で，批判的人種

19) Laurie Rose Kepros, "Queer Theory: Weed or Seed in the Garden of Legal Theory?", 9 Law & Sex. 279(1999/2000).

20) Keith Aoki, "The Scholarship of Reconstruction and the Politics of Backlash", 81 Iowa L. Rev. 1467(1996); Robert S. Chang, "Toward an Asian American Legal Scholarship: Critical Race Theory, Post Structuralism, and Narrative Space", 81 Calif. L. Rev. 1241(1993); Pat K. Chew, "Asian Americans: The "Reticent" Minority and Their Paradoxes", 36 Wm. & Mary L. Rev. 1(1994); Kenzo S. Kawanabe, "American Anti-Immigrant Rhetoric Against Asian Pacific Immigrants: The

理論に対する不満から新しい道を模索し始めている人もいることも重要なことである[21]。

　総じて，これらのポストモダン法学の学派は，批判法学と密接不可分の関係にある。批判法学は，これら学派に機会と基盤を提供し，自由主義法制度批判の扉を開けた。そして，その後に生まれたポストモダン法学の学派は，批判法学に提唱される批判的精神を具体的な法の経験と法の現象の中に定着させた。

Present Repeats the Past", 10 Geo. Immigr. L. J. 681(1996); David Quan, "Asian Americans and Law: Fighting the Myth of Success", 38 J. Legal Educ. 619(1988); Frank H. Wu, "Changing America: Three Arguments About Asian Americans and the Law", 45 Am. U. L. Rev. 811(1996); Jim Chen, "Unloving", 80 Iowa L. Rev. 145 (1994).

21)　Robert A. Williams, Jr., *The American Indian in Western Legal Thought: The Discourses of Conquest*(1990); Rennard Strickland, "implementing the National Policy of Understanding, Preserving, and Safeguarding the Heritage of Indian Peoples and Native Hawaiians: Human Rights, Sacred Objects, and Cultural Patrimony", 24 Ariz. St. L. J. 175(1992); Robert A. Williams, Jr., "Taking Rights Aggressively: The Perils and Promise of Critical Legal Theory For Peoples of Color", 5 Law & Ineq. J. 103(1987).

第 10 章

ドゥオーキンの法律観と法の本性[*]

1 は じ め に

　本章では，法の本性について検討する。当該問題に関する研究論文は，現在のところ多くない。しかし，法と道徳の関係に関する問題は，従来から法哲学，倫理学，政治哲学研究の最も根本的な問題である。法の本性に関する研究は，これらの大きな問題における 1 つの重要な側面である。前世紀，法学界では法と道徳をめぐって何度も重大な論戦が展開された。ただし，法と道徳の関係に関する検討，及び法自体が本性を持つか否か，本性とは何かに関する検討は関連性はあるが，別の問題でもある。デブリンとハートの論争，ハートとフラーの論争，さらにドゥオーキンとハートの論争にせよ，法の本性の問題に直接的に言及していない[1]。当時の学術機運は，まだ伝統的な法と道徳の二分法の段階にとどまっており，両者を融合して法の本性を検討することは想像もできないことであった。しかし，今日，法の本性については検討することは重要である。

　まず，20 世紀半ば以降，人々の法に対する認識は大きく変わったということがある。法の確定性，中立性，客観性が疑われるようになり，法は独立・自

　＊　初出は，中国政法大学学報，2018 第 6 期。

　1）　Nicholas J. Mcbride and Sandy Steel, *Great Debates in Jurisprudence*, London, Palgrave, 2014, pp. 31-37, 43-67, 75-85.

主的で，かつ外在的条件の影響を受けない（閉鎖的）規則体系であるとする見
解は基本的に過去のもの，又は非常に稚拙であるとみなされるようになった。
代わって，法を否定し，法を政治やビジネスと同一視する法虚無主義，又は一
種の開放的で，法の複雑さを十分に認識した構成主義と考えるようになった。
この構成主義は，法の不確定性と法益の差別化の可能性を認めた上で，法の正
当性と合法性を証明する総合的基準を提示しなければならなかった。この基準
は，法の内部で形成することが最も望ましいことであった。このため，法の本
性を検討することが必要となった。法の本性は，法が構成する正当性の基準と
するのに打って付けであった。

　次に，いわゆる啓蒙，現代化，科学の発展がもたらした現代の一次元的社会
環境の存在である。マルクーゼは，『一次元的人間』において，人は現実を黙
認する能力を有すると共に，現実を批判，否認，改善する能力も有すると指摘
している。現代工業社会とポスト工業社会の下で成長してきた人は，黙認とい
う特徴のみを有し，批判，否定，改善の次元を忘れた。この種の人は，一次元
的人間と呼ばれる[2]。マルクーゼの本は，1964年に書かれたものだが，当時，
彼は現在の我々のように明確な認識をもっていたわけではない。現在の一次元
的人間は，当時マルクーゼが想像したよりも，一層顕著である。一言で言え
ば，この種の人は，基本的に理性―科学―経済―法律人である。現在，世界で
最も優秀な人材は会計事務所，法律事務所にいる。哲学，歴史，文学系の学生
はますます少なくなっている。多くの優秀な学生は，哲学や人文科学を学ぶこ
ともできるが，会計，金融，医学又は法律の学習を強いられた。近年，法学も
いわゆる科学―理性―経済―法律人という思考の道を歩んでいる。すなわち，
この枠組みでは，法は基本的に経済発展の道具，社会の矛盾や衝突を調節する
道具，又は政治的支配の道具として用いられる。したがって，法の本性などを
含む法そのものの美徳や特徴は無視されている。

　上述したとおり，法の本性を探究することは，有意義なことである。そこ

---

2) Herbert Marcuse, *One-Dimensional Man: Studies in the Ideology of Advanced Industrial Society*, Boston, Beacon Press; 2nd edition, 1991, pp. 3-88.

で，次に研究手法が問題となる。法の本性を検討するには，様々な方途がある。より明確なのは，自然法論からアプローチすることである。

　自然法の概念はよく知られている。非常に神秘的であると言われたこともある。しかし，西洋，東洋を問わず，自然法は生活の基本的な準則である。自然法に従う生活は，人間の本性に基づく生活である。自然法の源は，人間の本性にある。古代ギリシアの歴史学者であるトゥキディデスは，「我々は，法自体に服する。とりわけ成文化されていなくとも抑圧されている人々を保護する法に服する。しかし，誰もが恥とする法に服することはない」と述べている。ここでいう「法自体」とは，「不文法」であり，実は自然法のことである。英語でも法の精神という言い方がある。これらは全て自然法と言うことができる。漢の高祖の法三章の「殺人は死罪，傷害と窃盗はその罪の軽重に応じて処罰する」というのも自然法を反映するものである。一体どれほどの自然法が存在するかは，誰もはっきりとは言えない。しかし，最も重要なことは，様々な思想家の著作に繰り返し登場していることである。法の主な役割は生命，財産，及び名誉を守ることだとフランシス・ベーコンは言っている。グロティウスとホッブズは，5つの信条があると信じる。それは，契約を遵守すること，他人の財産を侵害しないこと，損害を賠償すること，他人に暴力を振るわないこと，そして罪を犯せば罰せられることである。ロックは，人々は平等で独立しているので，いかなる者も他人の生命，健康，自由，財産を侵害してはならないと言う。これらの見解には異なるところがあるが，他人の健康，財産と自由を侵してはならないという本筋は非常に明確である[3]。

　上述の思想家と学者は，自然法論について，それぞれの理論的根拠と出発点をもつが，自然法は根本的に人間の本性に由来するとする。いずれも人間の本性に対する総括である。自然法による生活は，強者が弱者を威圧せず，年長者が年少者をいじめない公正な生活である。このことは，強者が弱者をいじめて

---

[3]　自然法論に関しては，登特列夫［ダントレーヴ］（李日章訳）『自然法』聯経出版事業公司（1984）を参照。他に，John Finnis, *Natural Law and Natural Rights*, London: Clarendon Press（1980）がある。

はならないというだけでなく，このようなことに対して非難し，抵抗し，さらに罰を科す責任があるということを意味する。公正な社会では，社会制度と法的拘束力は，正義と公正を守り，不義を非難する役割を果たす。これは法の本性を十分に体現するものである。しかし，社会制度と公権力がこのような役割を果たさない場合，人間は本性に従って対応しなければならない。中国の侠客文化は，このような必要に基づいて生まれた。徐昕教授が提唱した「私的救済」もそうである。

　本章で叙述したいことは，ドゥオーキンによる "law as integrity" の概念である。私見によれば，この概念は法の本性に関する問題である。ドゥオーキンは，20世紀の世界で最も重要な法学者の一人である。彼の全ての著作を見ると，彼は一貫して「Hedgehogs」の事業，すなわち政治的共同体に存在する多くの通約することができない価値がいかに共存するかという問題を解決することである。彼は，権利の平等に関する問題を真剣に考えて法学界に旗を掲げた。そして，自然法と法実証主義の間で第3の道を求め，法はその解釈のための工程であると信じ，法の本性（integrity）を重視し，ヘラクレスに見習って，司法の公正を実現するために力を尽くし，「正解」を見付け出すよう裁判官に呼びかけている。ドゥオーキンは，平等，自由，民主，正義などの様々な価値が信念の網を張ると信じている。その中の1つの価値を正確に理解するには，この網の中にある他の価値をも同時に理解しなければならない。各種の価値の究極的な意味は完全に統合できる[4]。

　4）　ロナルド・ドゥオーキン（Ronald Myles Dworkin, 1931-2013）は，米国ロードアイランド州プロビデンス（Providence）で生まれた。彼はハーバード大学とオックスフォード大学を優秀な成績で卒業し，有名な裁判官である Learned Hand の法務アシスタントを務めたほか，Sullivan & Cromwell というニューヨークの有名な法事務所で弁護士を務めた。また，1962年に教職に就き，イェール大学，オックスフォード大学，ユニバーシティ・カレッジ・ロンドン，ニューヨーク大学法学部で教鞭を執った。彼の代表的な著作に *Taking Rights Seriously, A Matter of Principle, Law's Empir, Freedom's Law: the Moral Reading of the American Constitution, Sovereign Virtue: the Theory and Practice of Equality, Justice in Robes, Is Democracy Possible*

　本章の主な目的の1つは，ドゥオーキンによる "law as integrity" という思想について叙述し，これに基づいてさらに法の本性の認識論的役割と教育的役割を強調することである[5]。本章では，ドゥオーキンによる法の本性の理論が，ハートによる承認の規則理論に代わり，法制度の正当性と法規則の有効性に新たな最終的権威を見いだしたことを指摘する。

　古来，法についての見解は諸説あるが，便宜上，法の概念を簡単に述べる。そこから，ドゥオーキンの法の本性に関する理論を明らかにし，法と法制度における法の本性の体現を叙述し，併せて，これに基づいて法の本性に関する他の問題を議論する。本章の構造は，大体この考え方に従う。

2　法　の　概　念

　法は，基本的に3つの形式で存在する。第1は，専門機関によって制定され，成文法の形で固定的に表現された法規範である。このような形式の利点は，法が体系化され，比較的明確であり，検索と引用に便利であることである。欠点は，言語の制約により，各条文について，時間，場所，目的，方法を含めて規定の背景を逐一反映できないことである。法の条文には，その制定背景が必ずあるものである。法条文は，背景があって定められるが，必ずしも完全にその背景が反映されているとは限らない。規則が言語で記録されると，この時点で背景にある多くの要素が排除される。この意味で，言語は不確定なのではなく，確定しすぎると言える。法条文は，背景まで含めた法そのものを完全に反映することができないので，法規範は，実際には指針的機能を示すのみである。それは，ある法規範の名称や形式にすぎない。真の内容は背景の中に

　Here?: Principles for a New Political Debate, Justice for Hedgehogs, Religion without God, などがある。ドゥオーキンの思想は非常に独創的であり，彼の著作は幅広い範囲をカバーし，それらは全て現代社会の主要な問題に関連している。

5)　Ronald Dworkin, *Law's Empire,* Cambridge MA, Harvard University Press, 1986, pp. 176-275.

ある。

　第2は，判例である。英米法国家の法は，この方式を主とする。法は，具体的な事件の中に存在する。裁判官が下した判決は，規則の誕生と再生を意味する。その利点は，各判例が法規を示せば，この法規を適用する背景が示されることである。その欠点は，各事件には適用される法規があるが，この法規は明確に示されず，このために法の体系化と検索が難しいことである。そこで，コモンローの国では法規を探し出すことが重要な問題となっている。

　第3は，上述の2つの形式のように具体的でない。これは，成文法の形式も判例の形式もとらず，神託，警句，物語などの原理的方式で表現され，人々に柔軟で抽象的に法の基本的精神と原理を伝えるものである。それは，上述した方式の一部の特徴を備えるが，それほど明確ではない。宗教秩序における法は，ほとんどこのような形で現れる。ユダヤ法は，この好例である。現代の世俗的な法制度では，このような法は政策，道徳的価値又は政治原則として表現される[6]。

　上記の3つの法形式は，異なる法体系において異なる地位を占めている。大陸法系と古代中国の法は成文法を，英米法系は判例を，古代ユダヤ法は原理を主としている。三者の間には進化の問題は存在せず，それぞれの関心が異なる環境下で反映されたものである。その原因は，非常に複雑であり，主に文化類型と思考方式の違いであるが，この点は本章の関心事項ではない。三者は異なる法制度においてそれぞれの地位と重要性を有すると同時に同じ法秩序に存在するものでもある。

　ドイツの30年戦争以後，人々は法を国際法と国内法に分類した。いわゆるウェストファリア二重奏である。この両者以外に，いわゆる地域法，慣習法，民間法などの分類がある。法分野に関しては，憲法，行政法，民法，刑法，環境法などの分類もある。

　一般に法は，社会の平和と調和を維持する機能，紛争を解決する機能，及び

---

6)　Jaap Hage, *Reasoning with Rules: An Essay on Legal Reasoning and its Underlying Logic*, Netherlands: Kluwer Publishing Company, 1997, pp. 46-58.

資源配分の機能を有するものであると認識されるが，法の教育機能はあまり強調されていない。法は，道徳的価値を広めることができるか。法は人の理性の反映であるが，道徳は人の感情に対する規範である。両者を混同すべきではないだろう。アリストテレスが言ったように，法は感情に縛られない理性である。しかし，より深い研究によれば，感情こそが理性的な意思決定の背景にあるとされる。ダグラス・リンドとナンシー・レビットは，『The Good Lawyer』で以下のように指摘している。

　「本能は，推論に先行し，ほとんどの場合に我々の日常生活と仕事において，より大きな役割を発揮する。人々がこつこつと推論をするのは，ほとんどの場合，自己の本能的思考に基づく決定に理由付けをするためであり，その推論を覆すことはほとんどない。我々は，常に潜在意識をコントロールする能力を過大評価する。実際には，我々は潜在意識に支配されがちである。」[7]

　しかし，重要なことは，法は，理念であり，制度であり，さらに文明秩序でもあることである。ある国の法について論究するときに，一般的に法条文のみならず，法制度，裁判官，弁護士，法の実施及び民衆の法意識などにも言及する。本章では，上述した様々な形式の分類と構成部分を含め，比較的広い概念でもって法の本性を論じる。

3　法 の 生 命

　オリバー・ウェンデル・ホームズ・ジュニア裁判官の「法の生命は論理ではなく経験だ」は，法学生なら誰もが知る至言である。これは，人の理性の反映としての法の最も重要な2つの側面，すなわち，論理と経験を明らかにしてい

---

7)　Douglas O. Linder & Nancy Levit, *The Good Lawyer*, Oxford University Press, 2014, p. 128.

る。しかし，私は，ここでもう1つの重要な概念，すなわち法の生命について強調したい。法の生命とはいかなる意味か。法に生命があるという概念をいかに理解すれば良いのか。

　法の本性を検討することは，すなわち，法には人と同じように自らの生命があると仮定することである。なぜならば，本性は，生命の属性であり，ただ人について論じる場合に本性が論じられるからである。法には，生命があるが故に，その本性を議論することができるのである。これは単なる比喩ではない。我々は，いかに法の生命に関して議論するのか。1つの手法は，修辞法の擬人法又は擬人化（personification）を用いることである。ドゥオーキンは，"law as integrity" で "integrity" という言葉を用いたが，この前提（per-interpretive state）を理解しなければならないと強調している[8]。これは，参与者は，ある問題に関して共通認識を持たなければならないということである。共通認識があってこそ，人は学説や観点を解釈し，運用できる。"integrity" という人に関わる表現を使った以上，擬人化に頼らざるをえない。法制度を擬人化し，人として扱う。このように，法制度は人のように，真，善，美があり，自主性を有し，公平・公正などを求める。

　では，法の本性とは一体何であるのか。法の本性には，法の善意，法の誠実，法の効率，及び公正，さらには清浄が含まれる。清浄とは何か。清浄とは汚点がないことである。法制度は，人と同じように，汚点があれば，この汚点は永遠に存在する。この法制度をどのように改善しても，本来の善悪は変わらない。善良な法制度は，永遠に人々に称賛されるが，悪い法制度は，永遠に歴史の恥辱の柱にはりつけられる。例えば，中国の「厳打」は，法制度の汚点となり，この汚点を我々は消すことができない。ドイツの法制度は，いくら完璧であっても，かつて法でユダヤ人を迫害した歴史があり，我々は永遠にこの法制度の汚点を記憶する。そこで，本章では，清浄という概念を用いる。我々は，法制度をどのように改善しても，原来の善と悪は変えられない。

---

8)　Ronald Dworkin, *Law's Empire*, Cambridge MA: Harvard University Press, 1986, pp. 176-275.

4　ドゥオーキンの "law as integrity"

(1)　"Integrity" の基本的意味

　"Integrity" という言葉には，2 つの意味がある。1 つは統合，もう 1 つは誠実である[9]。前者の意味は，主に領土やデータの統合性などを形容し，形式から内容まで有機的に結合することである。後者の意味は，一般的に人の道徳品性を表す。その意味は広範で，表裏一体，統合性，整合性，正直，融和，適合，真実などの意味を含む。この中で最も重要なのは，人には原則があり，行動において常に原則を遵守するということである。既存の例から見ると，2 番目の意味が頻繁に使用されている。例えば，誠意があれば，隠すことがないので，恐れることがない。誠意があれば，正しいことをするので，疚しいことはない。誠意は，高貴で誠実な知性の支えである。誠意は，一種の生態系である。

　知識のない誠意は，虚弱で無用である。誠意のない知識は，危険で怖い (Samuel Johnson)。全ての人が誠意を持ち，全ての心が公正，率直，善良であるなら，他の徳性は，基本的に無用である (Moliere)。誠意は，民主主義の生命線であるが，欺瞞は，民主主義の血に流れる毒素である (Edward Kennedy)。

　漢語の学界では，ドゥオーキンの "law as integrity" は "統合性としての法" と訳され，ここにこの概念の 1 つの意味が表されている。"law as integrity" は，確かに統合性という意味も含まれるが，ドゥオーキンの著作ではその意味は実際に統合性より広い。"統合性" という言葉は，"integrity" の意味を適切に表すことができない。"誠意の法" と訳した方が，本来の意味に近いかも知れないが，それもあまり適切ではない。もう 1 つの説によれば，ドゥオーキンの "law as integrity" という理論は，実はいわゆる "統合論" の別の言い方で

---

9)　https://www.huffingtonpost.com/soyoung-kang/the-true-meaning-of-integ_b_1127
　　3420.html.

ある[10]。これは大きな誤解である。なぜならば，"law as integrity" は，単に統合という意味を表すわけではないからである。"law as integrity" には，統合という意味が必要であるが，その他の価値がさらに必要である。これらの価値に道徳的価値が含まれる。

　では，"law as integrity" とは一体どういう意味であろうか。これには，ドゥオーキンの本来の意図をより詳細に検討しなければならない。

⑵　Law as integrity（法の本性・誠意の法）

　注意すべきことは，ドゥオーキンは，擬人法により法の "integrity" を論じたことである。これは，法における "integrity" という概念を理解する上で，まず人の "integrity" を理解することから始めたということである。この点に関しては，上述した。人を描写するときにこの言葉は，ほぼ人品を意味する。それは，まず誠実，次に高尚な道徳を有すること，そして言行一致を一貫して堅持することを意味する。これを勘案すると，ドゥオーキンの "law as integrity" を理解することは容易である。以下の諸点に着目することができる。第1に，法制度は，誠実であるべきである。第2に，法は，社会の人々が認める道徳を含むべきである。第3に，これらの原則を一貫して堅持すべきである。第4に，立法と司法は一致しなければならない。第5に，法解釈は，徹底的にあらゆることを勘案して全面的理解をし，原則，基準，伝統に適合しなければならない。第6に，法の本性は，独立した概念であり，公平，正義，適正手続きなどが肩を並べて，法の大価値を形成することである。以上のことを達成すると，"integrity" を達成でき，これが法の本性として，統合性，整合性，道徳も含むものとなる。当然，ドゥオーキンがこのような見解を主張することには理由がある。

　再び法の自主性，確定性，中立性から説き起こさなければならない。当時の通説によれば，法は，形式から内容まで独立しており，政治，宗教及び様々な

---

10)　Hage, Jaap, Law and Coherence. Ratio Juris, Vol. 17, No. 1, pp. 87-105, March 2004. Available at SSRN: https://ssrn.com/abstract=548096.

イデオロギーなどの影響を受けないというものであった。法は，客観的で体系的な知識であり，厳密で論理的な規則体系と厳格な手続きを通じて十分な訓練を受けた専門家により執行される。それゆえに，法は，正義，公正を担保することができる。簡単に言えば，完全な法制度が整えられ，人為的な要素の影響が非常に小さくなった法は，自主的である。

　このような見方は，規則中心主義の文化的背景において人気がある。これは，法の確定性と予見可能性を補完し，18，19世紀の人々に信仰された。しかし，法の重点が，規則中心主義から裁判官本位主義に移り，特にプラグマティズム法学が「法の生命は理論ではなく経験である」という主張を掲げてからは，法の自主性，中立性及び確定性が絶えず問われるようになった。

　これらの問題は，法制度の存在の合理性と法学研究の必要性に直接に関係する。法が不確定であれば，法の執行と司法判断は人によって異なり，法の下での人々の平等は不可能になる。法が独立的でないならば，人為的な要素の影響を受けて，人治の桎梏から逃れられず，「法の支配」に関する様々な議論も神話になってしまう。多くの人は，法を通じて正義，権利，自由を獲得できると信じている。それは法の確定性，客観性と自主性によるのである。法が不確定，非自主的であると思われると，法意識の危機が必ず来る。そのため，法の確定性と自主性の問題が自然に西洋の法学者の関心の中心となった。20世紀の西洋法学フォーラムは，基本的にこの2つの問題に占拠され，多くの学派と様々な学説を産み出してきた。

　具体的な日常生活において，誰もが非常に尋ねたい問題は，法は信頼できず，不確定，自主的でないならば，なぜ法を守るのか，法学は何をなし得るのかということである。19世紀の人は，このような疑問を持つことはなかった。彼らは，法は確定的で，信頼できるとみていた。なぜ社会に法が必要なのかというと，法には予見可能性があり，法自体が公正を標榜し，法は確定的であるからである。しかし，1930年代のプラグマティズム法学者は，法は確定的ではなく，法にはさらなる解釈が必要であると指摘した。この見解は，1970年代に一部の学者の中で盛んになった。特にハーバード大学とウィスコンシン大

学の一部の学者は，自らを批判法学者（critical legal scholars）と称した[11]。彼らは，法は一部不確定であるばかりか，個別規範も不確定であり，法そのものが不確定であるとする。このように法には危うさがある。法が不確定であるならば，法は何をなせるのか，裁判官，弁護士，法学生は何をなせるのか。法の前途に大きな危機が生じた。

　現在，法学部の多くの教師でさえ，法に疑問を持っている。ここに１つの観念が非常に明確である。すなわち，一般に弁護士，裁判官又は広義の "lawyer" は，法思想や法的推論と呼ばれる独自の思考法を持っていると思われていることである。したがって，弁護士と裁判官が独立した推論手法を果たして有しているかと問うことが，大きな問題になった。20世紀末の議論を通じて，人々は，弁護士がおそらく独自の推論手法を有さないことに気づいた。弁護士や裁判官は，望ましい法的推論をするが，独特の法的推論，純粋な法的推論を有さず，ただ，厳密で，望ましい推論をするだけであって，これが法的推論は望ましい推論ということになる。司法判断に内在する論理は，一般人の論理と同じものであって，ただ，法律家が行うことは非常に納得でき，人を信服させる論理的推論をするということであるにすぎない。そこで，人々の法に対する信仰は，揺らいだのである。

　それにもかかわらず，既存の法制度と実践を維持する人はいる。そうしないと，法制度の存在の必要性を否定し，法の公正を期待する人々の善意を否定することになるからである。ここで重要なのは，法の不確定性と法の自主性との間に妥協点を見出すこと，すなわち法の自主性という理想を放棄せずに，法の不確定性を認めるということである。ドゥオーキンが指摘した法の概念も，この問題を探究したものである。彼の基本的な考えは，裁判官と弁護士は独特の思考方式や法的推論を持たないかも知れないが，法自体には学修し，承認しなければならないものがあるということである。では，それは何か。彼が指摘したのは，裁判官は判決を下す際に，規則があれば規則により，規則がないとき

11）　https://cyber.harvard.edu/bridge/CriticalTheory/critical2.htm.

には他の基準と根拠によるということである。ハートはかつて，適用できる規則がないときには，裁判官は強い自由裁量権を持つと言ったことがある。すなわち，規則がなければ，裁判官は自分の意見に従って事件を判断することができるということである。ドゥオーキンは，たとえ適用できる規則がなくても，裁判官にはやはり強い自由裁量権はないとする。それは，彼らは，なお非規則の基準による拘束を受けるからである。この非規則は，ドゥオーキンによる概念ではなく，ロスコー・パウンドから学んだことである[12]。ドゥオーキンは，この非規則基準は，原理，目的と政策を含むと考える。規則がない場合，裁判官はこれに頼らなければならない。

　しかし，これはドゥオーキン理論の重点ではない。彼は，良い裁判官は，規則，原則を掌握していなければならないが，規則と規則の間，及び規則と原則の間には矛盾もあるとする。多くの原則があるが，平等の原則と自由の原則には矛盾するものもある。これらの原則が矛盾するとき，裁判官はどうすべきであるか。裁判官は，社会通念上の道徳理論や政治理論により当該事件に関する態度を考慮しなければならない。あるいは，裁判官は，これらの理論に対する理解に基づいて判断する。すなわち，ある精神に基づいてこの原則を把握する。これまでのところ，問題はまだ残っている。人々はまた，裁判官により選択された政策，原則，又は解釈がどこから来たのか，最終的な源は何であるかを問う。ドゥオーキンは，ある司法判断が良いかどうかは，それが法制度の全体的精神に適合しているか否かにより判断すべきであると言う。彼は，"fit" という言葉を使っている。また，この決定が制度自体の利点を可能な限り示しているかという点も重要である。すなわち，この決定はいかにして法制度の良い面を反映しているか，いかにすれば過去の判例と整合性を保てるかなどである[13]。

---

12)　Roscoe Pound, *An Introduction to Legal Philosophy*, New Heaven: Yale University press, 1954, pp. 25-48.

13)　Ronald Dworkin, *Law's Empire*, pp. 178-184, 225-227, 435. Abner S. Greene, "The Fit Dimension", Fordham Law Review, Volume 75, Issue 6, 2007, pp. 2921-2949.

　この認識に基づき，ドゥオーキンは，法は解釈的概念であるとする。解釈的概念は，人々が特定の基準に一致同意する必要はなく，人々は自らの概念に対する理解に基づいて有意義な議論をすることができる。平等を例にとると，人々は平等という概念への理解が一致しなくても，ある制度や政策が平等であるかどうかを議論することができる。このような論争は，平等を正しく理解する上で重要な意義がある。その意義は，人々が平等の価値を検証し，その価値に基づいて平等の概念を解釈し，そして具体的な制度と規則がその価値の下で平等であるか否かを判断できることにある。解釈的概念は，構造的な解釈，すなわち，解釈者は特定の目的により法解釈の対象を扱い，かつ解釈対象にとって最も望ましい解釈をしなければならないということである。同じ法解釈の対象に対して，解釈者は自らの観点から法解釈の対象に1つの目的を与え，この目的に導かれた方向に適った解釈をするのが良い。

　裁判官は，構成的法解釈をするときに，2つの条件を満たす必要がある。第1に，解釈は，法制度と整合性がとれていることである。第2に，解釈は，法制度の道徳的価値の最良の状態を反映していなければならないことである。このことは，裁判官は，法制度を極めて明確に把握するのみならず，法制度の構築に必要な道徳基盤を広く深く理解していなければならないということである。これができれば，ドゥオーキンによる"law as integrity"（法の本性）を達成することができる。法の本性は，公平，正義，適正手続などの価値を補完するもう1つの重要な法の価値である。この本性は，良い裁判官と良い法制度にとって必要なものである。我々が普段よく言うところの公正，手続的正義，平等，権利などの概念と同等の地位にある。

　法の本性は，法を一貫した統合体とみなす。裁判官は，法を解釈する際には全面的にこれを考慮しなければならない。法の本性は，法が必ず1つの決定に至るとするので，新しい事件に直面したとき，裁判官は確立された公平，公正及び適正手続の原理に従い，同じ基準により，全ての事件に対処し，全ての人を平等に扱わなければならない。ドゥオーキンは，法の本性が裁判官に青写真を与え，裁判官が同じ手法で事件を処理し，構造的な解釈をすることで，法の

本性が体現できると考えた。法の本性は，立法の原則であるし，裁判の原則で
もある。立法の原則は，立法者が法を道徳に一致させるよう努力することを要
求する。

　ドゥオーキンは，法の本性は，政府が全ての市民を平等に扱い，原則を遵守
し，一貫性を保ち，全ての人が認める基準を全ての人が享受できるようにしな
ければならないとする。彼は，本性とは，一種の基本であり，独特の政治道徳
であり，共同体の全体的な法の実践に道徳による最も素晴らしい支えを提供す
るものであると言う。

　"law as integrity" は，実際に次の問題に応えた。法の不確定性は，すでに
法律家と非法律家を含む人々に広く受け入れられ，この状況下でいかに法律人
の理想を堅持し，いかにより良い国家又は地域の立法制度や司法制度など各種
の制度を含めた法制度を構築するかについて，有力な理論的根拠を提供した。

(3)　ドゥオーキン理論の重要性
　上述したとおり，ドゥオーキンの法の概念は，次のように表現できる。すな
わち，規則―非規則基準（原理，政策，目的など）―道徳，文化及び社会的理想
―ヘラクレスのような裁判官―法の本性である。法は解釈される必要があり，
法解釈は，創造的な解釈であり，これには解釈者が法制度全体に対する高度な
理解が必要である。法は，解釈的であると同時に本性があるものである。

　ドゥオーキンによる法の本性理論には，少なくとも次の諸点の意義がある。
　まず，それは，法と道徳などの要素間の不可分な関係を新たな角度から説明
し，法と道徳の分離を過度に強調することで人との親和性を失った自由主義法
学を形式主義・実証主義の泥沼から解放したことである。

　次に，法理論における法の安定と変化の間の矛盾に解決手法を提供しようと
したことである。この問題は，次のように表現できる。法を変える根拠は何
か。法の権威とは，法が終始一貫して執行されることにある。法は，過去から
現在に受け継がれ，揺るぎない執行が法の精神にかなうのであり，改変は背反
と修正を意味するので，これは不適切である。しかし，現実的には，法は環境

に適応しなければならず，裁判官は随時に法を変えている。

　結局のところ，いかにして変化と不変の衝突を合理的に解釈すれば良いのか。法は，安定しなければならないが，停滞してはならない。従来の解釈者は，法の外部の関係から考え，法概念の内部から法の変化を理解しようとする人は極めて少なかった。事実，法制史における様々な変化は，ほとんどが社会経済条件の変化により生じたものである。ドゥオーキンの法の概念は，法を規則と非規則の基準に分類することで，この問題の解答に契機を提供した。もし変化を非規則基準と結び付け，不変の部分を規則に帰するならば，より妥当な解釈を得られる。法の変化は，非規則基準の変化によるものであり，規則自体は変化していない。すなわち，法の一部は変数であるが，他の部分は定数である。このような解答は，法が確定的であることを表明し，法の不確定性をも指摘している。法の自主性を維持するとともに，法のもつ柔軟性をも明らかにするものであった。

　また，それは法の自主性と確定性に対する批判に有効な回答をするものであった。

　法の自主性について，ドゥオーキンの答えは次のとおりである。法には多くの不確定的要素があるが，総じて法はなお自主的である。裁判官の法制度における能動的作用は，様々な要因に制約されるからである。一般的に法の執行には台本がある。法制度は，全体的に連鎖小説のようなものであり，各裁判官がそれぞれの章や段落を書く。プロットと組立ては，既に最初の裁判官が決めており，その後の裁判官は前段を手がかりに発展させるだけで，それはまるで連続ドラマのようである。その後の裁判官も創作するが，創造力はかなり制約される。新しい決定を下すときに，前人の判断に従わなければならず，又は，少なくとも判例の中で篩にかけ，引用できる先例を探さなければならない。新しい判決は，従前の判決と矛盾する可能性があるが，基本的精神は一致していなければならない。そうでなければ，小説は書き続けられない。ただ，小説の執筆と異なるのは，小説では著者の個人の風格，特徴，及び独創性が重視されるが，司法判決ではこうした特徴は少ない。裁判官の個人的特徴は，可能な限り

法制度の特徴と必要性に服従しなければならないのである。

　さらに，重要なことは，法の本性という見解が，法の認識論を提供したということである。人々に法は複雑な社会現象であり，一種の総合的・全面的な態度をもって，あらゆる観点を勘案して全面的に理解すべきであり，ある立場から出発して，法が規則の体系又は価値の体系であると固く信じ，部分的なことを全てであるとみなしてはならないということを認識させた。法とその制度を理解するための評価基準は，人を評価する基準と同じであり，その本性を見なければならない。法の本性は，一種の価値として，公平，正義，適正手続などと並んで，ひいてはその他の主な価値を統合する最終的な価値にさえなっている。

　これに関連するのは，法の教育機能である。法の本性の認識論は，人々の法に関する道徳的認識を形成した。法の本性から法制度，立法，司法，法執行，又はその他の法に関する活動に従事することは，法意識を育成する基礎である。法の本性を深く理解すれば，裁判官は形式主義の弊害を克服でき，モデルガンの所持で有罪判決を下すことをしない。そして，司法と法の執行における腐敗や暴力も抑制され，鳥の巣を壊し，空気銃を撃ち，オウムを飼うことで重罪を言い渡すことはなくなる。

　最後に，最も重要かも知れないことに，法の本性は，法の最終的権威に関して新たな見方を提示したことがある。法の最終的権威については，法学研究の最も重要な問題である。なぜならば，それが法制度自体，及び法に関する全ての規則の有効性いかんの問題に関わるからである。換言すれば，法制度の正当性は，法制度の最終的な権威の上にある。神の傑作，自然法の反映，理性の表現，国家の意志，主権者の命令，支配階級の意志，また，基本的規範，規則の承認，これらは全て法の最終的権威に関する様々な表現方式であり，時代や立場の異なる人々の法に関する見方を示すものである。最近の言い方では，ハートの「規則承認説」がある。ドゥオーキンは，ハートの規則理論，特に規則承認説を批判した後に，同じ問題，すなわち，法の最終的権威という問題に直面した。法の本性 (law as integrity) は，この問題に対する回答をするものである。

5　法の本性の具体的な表現

　上述したように，擬人化の手法で法には生命があるとみなすことができる。このように，人間を議論する手法で法制度を検討できる。ある人の本性について話すとき，明らかに指摘することは何か。少なくとも正直，善良，慈悲が挙げられる。当然，それに関して異なる理解もある。人に関する叙述は非常に多数ある。道徳哲学の分野においては全てがこれに関することだからである。

(1)　理論の本性

　人間の本性から出発して，我々は，理論，制度，及び実在する本性を論じることができる。理論の本性とは何か。理論は，そもそも学問であり，可能な限り客観的に物事を描写すべきであり，価値観の違いによって描くべきではない。しかし，実際に法理論は，大きく2つに分類される。1つは，記述的法理学（descriptive jurisprudence）であり，もう1つは，規範的法理学（normative jurisprudence）である。記述的法理学は，客観的である。規範的法理学は，価値判断のある理論であり，多少主観的な要素が含まれる。したがって，理論上は，客観的，中立的（neutral）であっても，実際には善悪がある。

　まず，理論が建設的であるか否かに表れる。かつては階級闘争の理論があったが，今，これを回顧すると，それは破壊的で善ではなかった。人の内面の邪悪なものを取り出す理論は，悪であり，善がない。一方，建設的な理論では，不完全であるか，平易であるかに関わりなく，例えば，「黒猫でも白猫でも，ネズミを捕まえるのはいい猫だ」というような理論は，通俗的な言い方であるが，それは建設的であり，物事をうまく捉えている。我々は，しばしば「中国の特色」ということを言うが，これはあまりに多くの可能性があり，実態はなさそうである。しかし，仔細に検討すれば，実は良いこと，善を提唱している。

　次に，理論自体の真実性である。前述したように，良い理論もあれば悪い理

論もある。奴隷制を擁護した理論，ヨーゼフ・ゲッベルスの宣伝，スターリン
時代に称賛された闘争理論は，完全に悪の制度を擁護した理論である。理論
は，完全に中立的であるわけではないが，本性を有する。ある理論は，真実を
求める精神を持って，人々の恒久的追求を代表する。ある理論は，単に一時的
にその時々の政権や利益に奉仕するだけである。

(2)　制度の本性

　制度は，文化の産物であり，人々は自己の必要に応じて模索，実践と検討を
続け，実践の中で確立したものであり，人間の本性の外部条件に対する反映で
もある。制度には，生命があり，本性もある。制度そのものに本性があるもの
もある。例えば，慈善事業がそうである。また，米国では，生活が一定の水準
に達していない場合，食券を受け取る救済制度があるが，これは善の制度であ
る。当然，悪の制度も存在する。懲罰を目的としたものである。制度の目的
は，人々に利便性を提供することではなく，人々を管理し，罰を与えるためで
ある。例えば，プライバシーを暴くことや詳細を黒塗りする資料の作成を奨励
するような制度は，悪であり，善の制度ではない。ゆえに，制度の本性は，非
常に重要である。状況により，一時期には善悪は曖昧で，完全には把握できな
くても，時間の経過とともに，徐々に制度に本性があるか否か，善悪が明らか
になってくる。

　制度の本性は，家庭，教会，裁判所などの主体的制度のみならず，軍事，政
治，経済などの道具的な制度においても体現される。教育制度の本性は，人材
の質を育む。社会組織の本性は，その性質を決定する。そして，女性組織，労
働組合，弁護士会などの組織は，どの程度までこれらの集合体を代表している
かにより，組織の本性が定まる。

(3)　司法の本性

　司法の本性は，より重要である。前述したように，裁判官は自由裁量権を有
する。どれだけの裁量権があるかは説明し難い。法を制定することができると

はいえ，法を執行する際に毎回結果は必ずしも同じということはないのは，各裁判官に自由裁量権があるからである。では，自由裁量権を左右する主な基準は何か。この基準は，手続きの正義であると言える。決まった手続きがなければならず，手続きがなければ，違法である。適法な手続きなしに収集された証拠は，裁判所に認められない。しかし，具体的な事件では，曖昧な状況はよくある。この場合，裁判官の自由裁量権は，非常に重要である。

　裁判官の司法判断に際しての職責は，法の解釈と執行のみである。悪法があっても，裁判官はそれを正すことができない。しかし，どのような制度においても，裁判官は大きな自由裁量権を有する。この自由裁量権をどのように運用するかは，裁判官の良心と道徳により決められる。

　換言すれば，裁判官は，判断を下すときに，他人の財産の分割，家族や友人の離散，さらには人の生命の終わりを告げる。これほど重要なことにおいて，裁判官は，大きい権力を有する。ドゥオーキンは，強大な自由裁量権がなく，原則の制約を受けるだけであるというが，その原則は全ての人が熟知しているものではない。そこで，司法の本性又は裁判官の本性と，裁判所体系の本性は，非常に重要な問題となるのである。

　コーネル大学法学部の座右の銘は，"Lawyers in the best sense" である。すなわち，コーネル大学は，最良の弁護士の育成を目指す。「最良の弁護士」とは，いかなる意味か。本性があることが最も望ましい。ドゥオーキンが言ったように，規則のみに精通する弁護士は必ずしも良い弁護士であるとは限らない。全ての規則を暗記している裁判官は１人もいない。そして，完全に規則に従って行動する弁護士又は裁判官は，決して良い弁護士や裁判官ではない。最良の裁判官の物語は，ほとんど法規則とあまり関係がない。裁判官は，様々な才知，人文的教養，崇高な道徳的判断及び法の精神の理解に基づいて判決を下すからこそ，人々に尊重される。裁判官は，大きい自由裁量権を有する。それが適切に運用されるか否かは，裁判官の本性による。

　法の手法と推論は，必須のことである。前世紀以来，コモンローにおける裁判官は，先例拘束性の原則（stare decisis）の制約を受け，先例に倣い，先例が

なければ判断ができないということであるが，実際には全てがそうであるわけではない。なぜならば，裁判官には，自由裁量権があるからである。伝統的法制度において様々な先例があり，裁判官は，先例の中で判断の根拠を探す。根拠を探す基準は，やはり裁判官の本性（integrity）と法制度の善悪，公正さ，効率性，適切さといった法制度全体への理解による。

⑷　法の本性と死刑制度の存廃

　まず，本性のある法制度の好例として，死刑に対する姿勢がある。この姿勢は，信念，すなわち，いかなる者も他人の生命を奪う権利がないという信念に基づき確立される。一般に，公権力は，他人の生命を奪うことができるとする。実際に多くの学説と理論が証明するところでは，他人の生命や権利を奪う機関自体の合法性に大きな問題がある。全ての法制度と事件は，特定の時間と空間に存在するからである。ある時期に生命を奪う理由とみなされたものが，他の時期にはそうではないかも知れない。ある国で死刑になる犯罪は，他の国では死刑にならないこともある。そこで，いかなる機関がこの権力を有するのかという問題をまず考慮しなければならない。この権利の源は何か。原則として，いかなる者も他人の生命を奪うことはできない。他人の生命を奪う根拠は何か。具体的な法制度の本性について言えば，死刑を科す規定が少ないほど，死刑の執行が少ないほど，良い制度になる。

　ここに，もう1つの問題が生じる。すなわち，いかなる犯罪が許すことのできない犯罪とされるのかという問題である。人身売買をする者は，死刑になるべきであるか。人身売買は，人も神もが憎む悪行である。この者を死刑にすることを強く求めるのは，主に若い母親である。これが適切であるか否か。当然に多くの議論の余地がある。また，他人の身体や生命を直接に害する麻薬密売の行為があるが，これはどうか。このほかに，いかなる犯罪に重罰を科すのか。

⑸　過渡期の正義

　もう1つの問題は，過渡期の正義である。過渡期の正義は，安定社会の正義
とは異なる。安定期の正義は，多くの試練を経て，多くの経験があり，全ての
決定は十分に熟慮させ，繰り返し考慮されたものである。様々な制度に制限さ
れ，多くの関門を越えて至った結論は，信頼に足る結論である。これに対し，
過渡期の正義は，その時の環境，条件，制度が変化しているので，多くの問題
が確立される途上にあり，この時期の公正さは，非常に海容であって，厳格に
管理されていない。

　経済犯罪を例に取り上げよう。我々は，経済制度を守るために一部の人の生
命を奪ってしまったが，実はそうすべきではなかった。我が国の経済制度は，
過渡期にある。我が国は，計画経済から市場経済への過程にあって，様々な措
置と制度を導入し，実験，試行をしている。今日，形成された経済制度も2,
3年後には時代遅れになるかも知れない。我々は常に改革を進めているので，
以後の改革がこれまでの改革の成果を改めるかも知れない。このような状態で
は，経済犯罪をもって人の生命を奪うことは冤罪をつくり，過渡期の正義観に
反することになる。つい先頃も議論した問題に，死刑判決を受けた人の中で免
責された人もいるが，執行された人もいたということがあった。善良で本性の
ある法制度を考える場合に，過渡期の正義と平時の正義は違うということを考
慮する必要がある。例えば，前述した法制度の汚点についてであるが，現在は
経済犯罪で死刑にするならば，その後にそうすべきではないということが見付
かった場合には，非常に後悔をすることとなり，同時に法制度の汚点になる。

第 11 章

自由主義的法律価値と法のグローバル化[＊]

1 は じ め に

　グローバル化は，叙事詩であることもあれば，悪夢であることもある。今
はまだはっきりしない。私はここで5つの問題について意見を述べたい。第1
に，グローバル化の基本概念についてである。第2に，グローバル化の過程
で，法はいかなる役割を果たしているのかということである。第3に，法の地
位は，能動的であるのか，それとも受動的であるのか，さらに法のグローバル
化が必然的な流れであるとすれば，グローバル化されているものとは一体いか
なる法なのか，いかなる法制度なのか，理念なのかである。法のグローバル化
の観点を受け入れるのであれば，誰が法のグローバル化を推進するのか，誰が
そのようなグローバル化を受け入れるのか，ということも検討に値する。明ら
かに，グローバル化に値する法は，必然的に若干の法制度が比較的に発達して
おり，文化的優位をもつ国家から来る。受入側は必然的に弱い立場にある国や
地域である。そうなると，法のグローバル化の過程で脆弱な文化の運命が問わ
れることになる。これが第4の問題である。ある日，本当にある法がグローバ
ル化されたと仮定すると（これには経済，金融，知的財産，情報面での法のグローバ
ル化が含まれる），法のグローバル化が政治面にもたらす役割と結果について，

＊　初出は，「自由主義法律価値与法律全球化」清華法学（第1巻第1期）。

人々は間違いなく予測できるだろう。実際に，いわゆるグローバル・ガバナンスの手法や手続きについては，すでに研究が始まっている。そうしたグローバル・ガバナンスの手法や手続きの中で，法はいかなる役割を果たすのだろうか。これが最後に述べたい点である。

2　グローバル化の概念

　グローバル化は，誰もが認めるように曖昧な概念であり，20世紀の最も主要な言葉でもある。定義するのはとても難しい。人々は異なる角度からそれを陳述し，解釈し，発言することはできる。グローバル化に賛成する人たちは，これを歴史的必然であり，現代化と同じように広く深い意味を持った運動とみるかも知れない。グローバル化に反対する人々は，グローバル化は，多国籍企業，大企業の勝利の拡張，自然環境の破壊，労働基準の低下を意味すると考えるかも知れない。また，グローバル化とは，アメリカ化を意味するとか，世界貿易機関（WTO）のような非民主的な制度に権力を集中させると考える人もいるかも知れない。そして，グローバル化は不可逆的な動きであり，それがもたらす恩恵よりも，人類や世界にもたらす災害の方がはるかに大きいと考える人もいるかも知れない。グローバル化が実際には，19世紀又はそれ以前に全力を挙げて推進された欧米の動きと変わらないと考える人もいるだろう。例えば，グローバル化と中世の十字軍遠征や17，18世紀の植民地主義を結び付けて，それを西欧列強の世界に対する更なる略奪とみなす可能性もある。十字軍遠征が西欧列強の人々の占領に対する行動を示しているとすれば，19世紀の植民地主義が土地の占有であり，グローバル化は，資源と人材の占有を意味する。歴史を回顧すれば，このような見方も理にかなっていることに気づく。総じて，グローバル化は，容易に近づくことのできない概念だが，多くの文献でグローバル化に関する解釈が多少はなされてきている。一般的に受け入れられそうな概念は，グローバル化とは，社会関係と取引の空間の転換を図る過程であり，大陸間又は地域内の活動とコミュニケーション，権力の流れ及びネット

ワークを形成するものであると指摘できるだろう。この定義の意味は，グローバル化が，世界中の人々，国々の活動をより緊密，頻繁，広範に結びつけるということである。ここで強調しておくべきことは，グローバル化は，ある種のプロセス，又は一連のプロセスであり，確立された理念や制度ではないということである。

3　法のグローバル化における役割

　この問題は，法がこの過程で主導的な立場にあるのか，それとも受動的な立場にあるのかという2つの側面からみることができる。既存の文献を見ると，グローバル化は技術的なレベルから始まり，その後，経済的なレベルに移行する。技術と経済の発展は，必ず法律問題につながる。したがって，グローバル化において，法は，後進的である。決してグローバル化の動きに積極的に参加し，それを推進させる要素ではない。換言すれば，法は，グローバル化された戦車に縛られた不本意な従軍医師である。グローバル化の過程で，法がグローバル化に一定の影響を与え，グローバル化も法に一定の影響を与えることが分かる。現在，私たちに分かることはグローバル化が法に及ぼす影響であり，法がグローバル化に及ぼす影響については，法がグローバル化に積極的に関与したときにならなければ分からないだろう。

4　法のグローバル化の内容

　法のグローバル化も技術や経済のグローバル化と同じように，必然的な流れであるとすれば，この法のグローバル化の内容は何かを問うべきである。法のグローバル化の内容としては，おそらく次のような可能性があると思う。第1に，国際法がそうであるという可能性である。第2に，アメリカのような個別先進国の法制度と法文化をグローバル化の内容とすることである。第3の可能性は，世界法又は世界的な法と呼ばれる新しく公認された規則体系の形式である。

　第1に国際法の可能性については，次のことが指摘できる。国際法は100年余りの歴史を有し，国際法の一部の規則は，現在すでに世界各国で普遍的に遵守され，承認されている。それにもかかわらず，依然として国際舞台，政治舞台，経済舞台において主要な役割を果たす規範的原理と体系になっていない。国際法のグローバル化には，まず，国内法のもつ強制力がないという問題があるだろう。世界各国が認めた国際法廷が国際法を執行できなければ，国際法は，無力である。次に，グローバル化と国際法が扱う問題と関心事が，実際には異なるということがある。国際法は，国と国との関系，政府と政府との関系を扱う。しかし，グローバル化が対象とするのは，政府や国家間で使われているグローバルな公法ではなく，各国の国民に直接関係することである。

　第2に，個別国家の法制度をグローバル法とする可能性である。今日，世界で形成されているある種の傾向がある。それは，多くの国がアメリカの法制度を意図的に又は意図せずに模倣していることである。しかし，グローバル化のモデルとしてアメリカの法制度と法文化を推進しようとするなら，アメリカ以外の先進国の抵抗に遭う可能性がある。例えば，大陸法系の国，ドイツ，フランス等々である。これらの国は，法のグローバル化が法のアメリカ化を意味するという事実又は観点に反対するかも知れない。

　第3に，一種の世界法形成の可能性である。しかし，これは今なお見通しが立たない。人権公約のように大部分の国が認めている法体系が一部にあるにもかかわらず，これらの法の執行は，依然として国内法の制約を受け，国内法の再解釈と認識を経て初めて実現されるものである。誰もが認める世界法を制定しようとすれば，非常に苦労することになる。

　ただし，明らかであることは，国際法を推進するか，アメリカ法を受け入れるか，世界法を制定するか，いかなる可能性を選択するにせよ遵守すべき原則と価値には自由主義の原則と価値があるということである。この理由は，次のとおりである。まず，自由主義の法的価値は，上述の3つの可能性のある法的価値であるということがある。国際法，アメリカ法，又は新しい世界法は，全て自由主義の法的価値を反映するか，又は反映する可能性がある。自由主義の

法的価値と自由主義の経済秩序が示す価値は，補完的である。グローバル化の最も核心的な問題は，経済のグローバル化にある。次に，自由主義の法的価値は強大な地位にあり，世界各国の法改革において普遍的に採用されるようになっていることである。さらに，世界ではこれまでのところ，現代の法制度で取り入れられる非自由主義的な法的価値は生まれていないということがある。異なる文化の伝統には，法に対する異なる認識と異なる法的価値観が存在するが，その法的価値は，ほぼ現代のいわゆる自由主義の法的価値に取って代わられている。もちろん，より重要な点は，自由主義的な法的価値がある程度普遍的な意味を持っているということである。上述の理由から，自由主義的な法的価値は，法のグローバル化の法的価値になる可能性が高い。そうであるから，資本主義社会は，"民主"，"自由"，"法の支配"というトロイカに乗って世界を旅することができる。

5　法のグローバル化の推進者と受入側

このように，法のグローバル化が，国際法であれ，アメリカ法であれ，又は新しい世界法であれ，自由主義の法的価値を反映するという考え方を受け入れるなら，誰が法のグローバル化を推進し，誰がそれを受け入れるかは言うまでもない。明らかに，アメリカやヨーロッパの大国や，その他の法制度が比較的発達した国や自由主義の法的価値を体現しているような法制度国家が，必然的に法のグローバル化の推進者となるだろう。発展途上の法制度や法文化は，自然に法のグローバル化の受入側になる。このときに，強勢文化と弱勢文化の関係の問題が生じる。法のグローバル化の過程で，弱勢文化には選択の余地がないようにみえる。強勢文化が弱勢文化を連れて行く所に，弱勢文化はついて行く。少数の弱勢文化の中で，人々の自民族文化の伝統を保護する意識と気持ちは非常に強いものがあるが，その意識と気持ちは，自発的又は強制的に強勢文化の中で伝達された価値に取って代わられる。それは，非常に不愉快なことであるが，また抵抗できないことでもある。

6　法のグローバル化とグローバル統治

　法のグローバル化は，必然的な趨勢であり，その趨勢も法律，経済，情報などの各分野のグローバル化に伴って絶えず深化し，発展しているので，人々はすぐに，世界にグローバル政府又は世界政府が出現し，全世界的事務を統治又は管理するようになるのではないかと思うだろう。国連の誕生が世界政府に対する人々の願いを表したものであるとすれば，法のグローバル化又はグローバル化に伴う発展という願いは，いつか現実のものとなる日が来るかも知れない。しかし，既存の研究によれば，グローバル化，とりわけ政治のグローバル化は，最も困難な問題である。なぜなら，このグローバル化は，グローバル化の受け手による反対だけでなく，グローバル化の推進者による反対にも遭うからである。もちろん，この問題に対する理解は，国家，家族，人種，家庭及び個人に対する一般的な理解の上に構築されるべきである。家庭の存在が許されれば，必然的に人種の存在も許される。人種の存在が許されるなら，必然的に民族国家の存在が許されるだろう。この全ての存在が許され，認められるなら，世界的な政府の存在は，空念仏かも知れない。グローバル化の実践は，従来の国家主権説にある意味で影響を与えてきたが，この理論の発展と実践は，国家主権の存亡を脅かすものではなかった。

第12章

解放，発展と法[*]
——ポストモダンの現代化に向けて——

1　は じ め に

　人々の解放と社会の発展は，ヨーロッパの近現代史における２つの主題である。この２つの主題は，一連の熾烈な革命と変革のなかで，徐々に西洋の社会に受け入れられるようになり，その過程において法は重要な役割を果たした。何世紀にもわたって，この２つの主題は，西洋の強勢文化に動かされ，世界における近代化の主な内容となっている。しかしながら，西洋諸国以外の国々は，解放と発展といったこの２つの主題に対して，確固たる信念を持ってはおらず，また，法の役割も明確にはしていない。すでにポストモダンに入った今日において，西洋諸国以外の国々が，西洋の国々が経験したいわゆる現代化の過程を経ることは不可能である。したがって，例えば，宗教への反逆，法への崇拝，理性への信頼，国への希望といった西洋諸国の現代化の過程において重要な役割を果たしてきた諸要素は，すでにかつての魅力を失っている。このことは，現在，超高層ビルを建てることはできるけれども，必ずしも近代的な都市を建設できるとは限らないことと同様に，我々をして数多くの緻密な法律を作ることができたとしても，現代的な法の支配という秩序を確立することはできなくさせている。法の支配への信念が揺らいでおり，法の支配を産み出す雰

---

　[*]　本章は，「国家・市場・社会—現代中国における法律と発展」シンポジウムにおける報告に加筆したものである。

囲気ももはや存在しないためである。これは，神はもうこの世にいないので，
我々は二度と中世の人々のような深い信仰を持てないということと同じであろ
う。このように考えると，ここに黄鶴楼の感慨を覚える。おそらく，発展途上
国がとり得るより現実的でかつ有益な態度は，自国の文化と社会的現実に立脚
し，人生の意味や人間の価値，自国の文化の価値を全面的に見直すことであろ
う。そして，人間性の全方位的な発展に適した社会システムの仕組みを探求
し，理想的な社会を求める人々の活動における宗教，道徳，法律などの規範的
体系の果たし得る総合的な役割について議論することである。本章は，ヨーロ
ッパ近代史における解放と発展，そのグローバル化，中国の現状といった3つ
の部分により構成される。

2　ヨーロッパ近代史における2つの主題 ── 解放と発展

　歴史を回顧すると，西洋近代史において，個人の解放と社会の発展という2
つの重要な主題が浮かび上がってくる。個人の解放とは，あらゆる桎梏を取り
除き，自由，自律，自己決定に向かって進むことを意味する。社会の発展は，
集団的富の蓄積，生活水準の向上及び民族国家の強大化を意味する。この2つ
の主題間の矛盾と緊張関係が，現代人類史の発展の原動力となっている。
　解放という主題は，いち早く西洋の歴史に現れた。モーセがユダヤ人を率い
てエジプトから脱出したことは，大規模な解放運動であった。解放という言葉
は，子供たちの自由の回復という文脈でローマ法において最初に現れ，後に世
界規模でユダヤ人の解放を指すようになった。イギリス人によるカトリック教
徒の解放（彼らをイギリス社会において公職に就くことを可能にした）[1]，ロシアの
アレクサンドル2世による農奴解放と，米国リンカーン大統領による奴隷解放
は，いずれも世界史に残る有名な解放運動である。解放という言葉は，16世
紀初頭，一部の著名な作家の作品に登場し始めた。解放論について最も功績を

---

1)　*Catholic Emancipation Act of* 1829.

残したのは, マルクスである。彼の哲学は, 「解放の哲学」と呼ばれた[2]。彼は, 解放こそが真の意味で人々に関する普遍的な概念であると述べる。

　人間の解放に対する最初の障害は自然であった。人間は, 予測不可能な自然とそれに内在する災害に対して深い恐怖を感じていて, 自然の束縛から解放されること, 自然を支配し得る力を持つことによって, 人類の生活が平和で順風満帆となることを強く望んだ。そのため, 人間は, この自由は神から恵まれるものと考え, 宗教に関心を向けた。ひとたび, 神の世界に入ると, 人間はまもなく神の世界が理想的な拠りどころではないことに気づいた。神の世界は, 人間に自由を与えるどころか, より強い束縛を強いることになったのである。ルネサンス以降の新しい世界観, 政治的理想及び科学的精神の出現は, 人々を世界の文明秩序に解放に目を向けさせ, 理性に基づいた政治秩序の中で自由, 平等, 正義を獲得することを望むようにさせた。しかし, まもなく人々は, 人為的な政治秩序にも, 自由を束縛する恐ろしい内容と方法があることに気づかされた。同時に, 人々は文化, 伝統, 歴史, 風習慣行, 性差別等も人々を不自由にする要因になり得ることを認識した。その結果, 文化の解放, 伝統の解放及びジェンダーの役割意識の解放などの問題が生じた。これらは全て, 人々の権利意識の高まりとともに, 最終的に現代社会に入り込んだ。人間解放に対する追求のほとんどは, 最終的に人々の基本的権利への追求として現れた。このようにして, 人権問題は, 人々の自由という領域における最も重要な課題となった。ある政治社会がその市民の人権を保障できるか否かが, その社会の進歩をはかる重要な指標となっている。

　他方, 発展という主題については, 近代になってその重要性が強調されることとなった。そもそも「発展」という言葉は自然科学の領域で使われていたが, 後に社会発展, 経済発展, さらには人間の発展まで指すようになり, 1950年代以降, 幅広く知られる言葉になった。本章でいう発展とは, 主に経済発展

---

2)　Wolfdietrich Schmied-Kowarzik, "Karl Marx as a Philosopher of Human Emancipation," in *Poznan Studies in the Philosophy of the Sciences and the Humanities*, Vol 60, pp. 355-368.

のことである。歴史学者によれば，人類社会は畜産社会，農耕社会，工業社会，商業社会及び今日のいわゆる情報化社会などの諸形態を経験している。これらの様々な形態の間には，漸進的な進化と発展の関係が存する。しかしながら，各国や民族の発展水準は同じではない。イギリスの産業革命は，最も古く，歴史的にも最も重要な意義を有する発展の実例である。イギリスに次いで，ヨーロッパの国々はイギリスに倣い，各々の経済発展のために努力をしてきた。産業革命とそれがもたらした文化交流と国際貿易が後進国に対して経済発展の可能性を提供したことによって，経済発展は近代史におけるもう1つの重要な主題となった[3]。

　解放という主題は，人権の概念と制度を産み出し，開発という主題はやがて資本主義へとつながった。また，両者はともに法と深い絆を築いてきた。しかし他方で，個人の解放と社会経済の発展との間には，調和しがたい矛盾が存する。時には，経済発展のために個人の自由を制限せざるを得ない。一方，個人の解放の究極形は，革命を起こすことであるが，これはしばしば経済発展の妨げにもなるものである。現代社会において，個人の解放への追求はもはや革命のような激しい形で現れることはなくなった。しかし，個人の解放と経済発展との矛盾は解消されたわけではなく，つまり人権の提唱や保障と経済発展との間の矛盾という比較的ゆるやかな形で顕在化するようになった。法に対する解放と発展の必要が，法律の発展を大きく促進すると同時に，功利主義，論理性と規範性といった人間の理性を鍛えることになり，すでに制度化されている法をより高いレベルへ引き上げ，法秩序の形成，いわゆる法治国家へと発展させた。

　結果的に，解放，発展，法といった三位一体の現代社会の体系が形成された。法は前2者に対して保障を与え，一方，解放と発展は，法的枠組みのなかで実現されている。このようにして，暴力的な革命と争いが生じる可能性が回避され，解放と発展がともに文明の追求する目標となった。いわゆる社会的枠

---

3) 発展に関する議論について以下を参照。Susanne Schech and Jane Haggis eds., *Development A Cultural Studies Reader*, Blackwell Publishing, 2002.

組みにおける現代化もこれにほかならない。

3　ヨーロッパ問題のグローバル化 ── モダンとポストモダン

　西洋の社会的枠組みは, 宗教的なものであれ法的なものであれ, いずれも外部へ拡張する特徴をもつ。宗教型社会は, 福音の普及を正当な理由として外部へ広げられた。法秩序型社会は, 私有財産権の不可侵という理論を用いて外延した。つまり, （象徴的又は現実的に）耕作されていない土地で, 個人が労働することによって, この土地を私有財産とすることができるのである。この著名な理論に導かれて, 西洋人はまったく罪悪感を持たずに探検, 所有, 略奪の道を歩み始めた。このスローガンの最も輝かしく, かつ最も記憶に残る成果は植民地主義の成就である。入植者は, 人の所有と土地の所有を結び付け, どこへ行っても彼らの文化的価値観と信仰を広めることに努力を惜しまなかった。しかし, 残念ながら, 解放と発展という 2 つの主題は, 植民地においては, 彼らの政策にはなれなかった。それどころか, 解放と発展は一貫して植民地の人々の要求であったため, 彼らは入植者に対して猛烈に反発した。非植民化後に, この訴えは現実的なものになり始めた。植民地主義者は, 旧植民地の社会構築に対して一種の道義的責任を感じるようになり, 植民地支配を解消する過程で, 解放と発展という 2 つの主題を議題にあげ, これがポスト植民地時代の民族国家再建の主な争点となった。

　これと同時に, 植民地化されることがなかった一部の発展途上国でも, 本意又は不本意ながらいわゆる現代化という主題を受け入れるようになった。しかし, この受入れは, 植民地主義者の道徳的責任がもたらしたものではなく, 社会進歩への追求と強勢文化に対する非自発的な受入れである。近現代の西洋文化は, ユダヤ教とキリスト教, ギリシャ・ローマ文化の伝統に基づく法と宗教型文化, 及びそれらが育んだ物質文明を基盤として形成されており, 一連の文明的又は非文明的な手段を通じて, 世界文化に君臨し, 抵抗し難い強勢文化を形成し, 200 ～ 300 年にわたって主導権を握ってきた。

このような強勢文化の形成と発展の過程で，思想家，哲学者，文化人，法学者など，数多くの優れた知識人が輩出された。彼らは，強勢文化の中に存在する文化的価値を，どこにでも通用する普遍的な文化的価値として，その普及に努力を惜しまなかった。この文化的価値を普及させる手段は，時には非文明的で，さらには残酷であり，また，時には非常に友好的で善意に満ちたものであった[4]。

強勢文化は，そもそもヨーロッパで問題となっていた解放と発展を全世界へ広め，西洋諸国以外の国にも異なる程度で，本意又は不本意に受け入れさせた。この2つの問題は，西洋諸国以外の国々における民族文化と対立しながら徐々に全世界へ広がり，ヨーロッパの問題が世界的な問題となった。そして，人権の擁護（解放），発展の推進，法の支配の提唱は，世界中が関心を寄せる重要な主題となった。

(1) 法 と 人 権

法と権利は，同じ語源をもつ。Ius, droit 及び Recht などの単語には，法という意味と権利という意味の双方が含まれており，法を用いて人権を保障することは当然のことである[5]。世界の歴史上，2回にわたって大きな人権運動があった。1回目は，17世紀・18世紀に起きた自然法と自然権運動であり，主にヨーロッパ領域における解放運動である。第2回目の人権運動は，第二次世界大戦後にあった。ナチスドイツの残忍な行為は，戦後の人々を人間の尊厳と価値という問題に再び真剣に向き合わせることになった。法実証主義は，法が

---

4) 例えば，米国は20世紀初頭から，自国の法の支配と民主主義など一連の価値を他国へ輸出してきた。米国政府の対外援助には，経済的，政治的，法的，文化的など様々な側面が含まれる。第二次世界大戦後，米国政府はその影響力を国外へと拡大するとともに他の国々に対する援助の規模をますます大きくしてきた。1980年代以降，世界の政治情勢の変化にともない，米国の対外援助はさらに新たな展開を見せた。トーマス・カロザース（Thomas Carothers）の著書『海外民主主義への援助』において，米国政府の対外援助について詳細な分析が行われている。

5) 梁治平『法辨』（貴州人民出版社，1992年）を参照。

ファシストの残虐行為に合法的な根拠を与えたとの非難を受けて, 再生・変革のプロセスを経て新しい形で再登場した。しかし, その影響は第二次世界大戦前と比べはるかに劣るものとなった。これと同時に, 自然法の理論が様々な形で復活し始めた。これには, 神学の自然法, 古典的な自然法及び新しい自然法の思想の復活が含まれる。自然法の復活により人権問題が再び浮上した。復活後の人権運動は, 人権の根源についての議論に消極的となり, また, 人権問題も生命, 自由, 幸福の追求など, 幾つかの原始的カテゴリーに限定されなくなった。つまり慎重かつ現実的な観点から, 無限の寛容さをもって, 人権の擁護, 人権の普遍化など現実可能な内容に焦点を当てるようになった。「国連憲章」及び「世界人権宣言」をはじめその他の一連の規約, 宣言, 条約の全てにおいて, 復興後の人権運動が人権の保障, 実施及び普遍化に焦点が当てられている。その後相次いで制定された各地域における人権条約及び国際法分野における人権擁護に関する内容の発展により, より広範な人権保障が可能となった。また, 世界中の様々な人権団体の設立が, 人権運動の促進に非常に重要な役割を果たした。ここで, 法は, 信頼できる唯一の手段となったのである。法による保障がなければ, それらの憲章や条約は絵に描いた餅にすぎないであろう。

(2) 法 と 発 展

　同時に, 先進国の有識者たちは, 第三世界の法と発展の問題に対して提案をし始めた。1850 年代, 1860 年代における活発的かつ短命的であった法と発展に関する運動は, この問題を世界に向けて発展させた 1 つの例である[6]。

---

6)　David M. Trubek, "Toward a Social Theory of Law: An Essay on the Study of Law and Development", 82 *Yale L. J.* 1(1972) David M. Trubek, "Back to the Future: The Short, Happy Life of the Law and Society Movement", 18 *Fla, St. U. L. Rev.* 4(1990). Amy L. Chua, "Markets, Democracy, and Ethnicity: Toward a New Paradigm for Law and Development", 108 *Yale L J.* 1, 6-8(1998). David M. Trubek & Marc Galanter, "Scholars in Self-Estrangement: Some Reflections on the

法と発展に関する運動理論は，主にマックス・ウェーバーによって提唱された[7]。ウェーバーは，法制度と司法の変化は，発展を促進し，さらには発展の前提条件になると考えた。20世紀後半における法と発展に関係する事項は，基本的に全てウェーバーのモデルに属する。法学者は，発展を促進するための合理的な法的枠組みの確立を試みた。彼らは，社会科学的方法を通じて一連の普遍的な法のルールを発展途上国で実践し，その発展を促進できると考えた。国連加盟国のなかの一部の主要な西側諸国及び世界銀行などの国際金融機関は，法の支配を通じて，発展途上国における民主政治の形成と確立，市場経済の形成，又は市場経済への転換を促すことができると確信している[8]。しかしながら，法と発展に関するプロジェクトのほとんどは失敗に終わったのである。幾つかの地域・国において一定の役割を果たしたとはいえ，その役割はそれほど顕著なものではなかった[9]。さらに，世界情勢の変化，特に冷戦の終結が，真の意味で，法治社会の形成，民主主義の実践，そして市場経済の形成に新しい機会を与えることになった。ウェーバーのモデルの適用に際し，専門家は，主にトップダウン方式で，政府の力で改革を行おうとした。しかし，これ

Crisis in Law and Development Studies in the United States", 1974 *Wis.L. Rev.* 1062(1975).

7)　*Max Weber on Law in Economy and Society* 349-356(Max Rheinstein ed., Edward Shils & Max Rheinstein trans., 1954). IMF et al., *A Study of the Soviet Economy* Vol. 2 ch. Ⅳ. 7(1991).

8)　体系的な法制度の改革に関する世界銀行の研究は，基本的にこのモデルを採用している。World Development Report 1990: Poverty at http://www.netlibrary.com/ebook<uscore>info,asp?product<uscore>id=33155; Discussion Draft from James D. Wolfensohn, World Bank President, to the Board, Management, and Staff of the World Bank Group, Proposal for a Comprehensive Development Framework 10-20(Jan. 21, 1999), http://www.worldbank,org/cdf/cdf.pdf(memorandum from Wolfensohn, World Bank Group President, to the Board, Management, and Staff of the World Bank Group cataloging desired attributes).

9)　Lan Coa, "Law and Economic Development: A New Beginning? ", 32 Tex, *Int'l L. J.* 545, 557(1997) における *Law and Development*(Anthony Carty ed., 1992) に対する書評を参照。

は効果的なやり方ではないことが明らかになっている[10]。その後，世界銀行は
その戦略の見直しを行い，開発問題に対する 14 の新しい提案を出した。この
14 の具体的な提案は次のとおりである。①清廉潔白な政府，②効果的な法律
と司法制度，③管理監督が整備された金融制度，④社会的取決めと社会的プロ
ジェクト，⑤教育及び知識に関する機構，⑥健康及び人口問題，⑦水の供給と
コントロール体制，⑧エネルギー，⑨道路，運輸と通信，⑩環境及び文化に関
する持続可能な開発，⑪農村開発戦略，⑫都市開発戦略，⑬民間セクターにお
ける戦略，⑭各国の特殊な事情，である。このような世界銀行の提案には一定
の理性はあるものの，やはりウェーバーの影響が見え隠れしており，依然とし
てトップダウンのアプローチが採用されている[11]。しかし，50 年あまりの経
験が，ウェーバーのモデルは成功していないことを示している[12]。

　従来の開発モデルの失敗には様々な理由が考えられるが，次の 3 つのことが
大きな原因であるといえる。第 1 に，ヨーロッパ文化に対する本土文化の抵抗
である。つまり，歴史的背景から，大多数の発展途上国においては，西洋モデ
ルに対する抵抗感があることである。したがって西洋人が提案する開発モデル
や戦略を受け入れるかどうかにあたり，それらを全面的に受け入れたり，全力
で貫徹したりすることはなく，半信半疑の態度で試験的に実行に移すことが多
い。それが国内の政治的要因，文化経済など様々な条件の制約とも相まって，
伝統的な開発モデルの失敗の可能性を大幅に高めた。第 2 に，解放と発展，す

---

10)　Steven D. Jamar, "A Lawyering Approach to Law and Development", 27 *N. C. J. Int'l L. & Com. Reg.* 31 (Fall, 2001).

11)　前掲注 5)，梁治平『法辨』（貴州人民出版社，1992 年）を参照。

12)　同上。実際，世界銀行の一部のプロジェクトは失敗したのみならず，返って，第三世界の国々が多くの債務を背負うことになった。Doug Cassel, Third World Debt: Time for a Jubilee? Northwestern University School of Law, Center for International Human Rights, Worldview Commentary No. 41, at http://www.law.nwu.edu/depts/clinic/ihr/hrcomments/1999/aug25-99.html (Aug. 25, 1999); Noam Chomsky, The Capitalist "Principle" and the Third World Debt, at http://jinx.sistm.unsw.edu.au/<diff>greenlft/2000/406/406pl7.htm (May 24, 2000).

なわち，人権保障と経済活動の促進との間に緊張と矛盾が存することである。全ての西洋人が発展途上国の人権擁護に対して注意を払っているわけではない。一部の人が発展途上国の人権擁護問題を強く主張する一方，例えば，商人など一部の人は，商売や金儲けの機会を重視するゆえに，人権擁護と営利目的の経済活動間の矛盾が浮き彫りされる。これは，西洋人の間だけで生じている矛盾ではなく，発展途上国における異なる見方を持つ人々の間の矛盾でもある。そして，この両者間の矛盾はしばしば人権と主権の矛盾，生存権と政治的権利の矛盾，個人の権利と集団の利益の矛盾へと高じていく。第3に，伝統的なモデルでは，人権保障と開発の全プロセスにおける国家の役割に過度に依存するため，確たる人権保障と効果的な発展を同時に進めることが困難であることである。人権に関していえば，国家はその擁護者になる場合もあれば違反者になる可能性もある。アムネスティ・インターナショナルの資料によれば，ほとんど全ての国において，程度の差はあるものの自国民の人権を侵害した行為があることが明らかになっている[13]。発展に関していえば，国家が，個人やコミュニティーの責任に広範かつ過度に関与し，担うことが，結果的に個人やコミュニティーの政府への依存性を助長し，また，彼らの創造性を制約してしまったのである。しかし，このことが最も難しい問題ではない。最も難しいのは，この現代的矛盾とその守護神である法が，ポストモダンの波に直面しなければならないことである。当然ながら，これは悲喜劇である。なぜならば，ポストモダンは，結局のところ現代の延長であり，分断ではないからである。これは，ルネサンス前後の状況と大きく異なる。

(3)　ポストモダンについて

　西洋人の自己の文化に対する反省と批判能力には，実に驚かされる。西洋文化は，重厚な宗教文明の伝統から突如ルネサンス期に分断し，現代の合理的法社会を生み出したことには，実に驚かされた。同時に我々が今日経験している

---

13)　http://web.amnesty.org/report2003/usa-summary-eng.

現代からポストモダンへの過程も大きな衝撃である。啓蒙運動以降の合理的な人々は,自らが創造した合理性に強く縛られ,自己救済もできず,立ち止まったままである。現代社会によってもたらされた精神的疎外と制度的疎外が,現代人を面白みのない者に変え,人間性そのものをも非常に脆弱なものにしてしまった[14]。啓蒙期後の学者による現代性への反省と合理性に対する批判は,ついに歴史の新しい時代の到来を告げ,ポストモダニストは再び解放の旗を掲げ,合理性からの解放といった新しい革命を起こしている。

　ポストモダニズムの特徴の1つである批判力は,西洋の社会と文化の隅々にまで浸透している。資本主義に対する批判から法に対する批判まで,モダニズムが人類にもたらした様々な災害に対する批判から,合理性そのものに対する批判まで,ポストモダニストは現代社会の解放と発展という2つの主題に対して大きな疑問を提起し,啓蒙運動以降の科学主義,客観主義及び合理主義の理想を完全に揺るがし,開発と解放事業の展開を一層難しくしている。幸いなことにポストモダニストは,解放と発展事業それ自体については否定しなかった[15]。彼らは,解放と発展といった現代社会の産物に対して,新たな思考で臨むことを提唱したのみである。この思考の中心は,解放と発展活動における国の主導的役割に対する疑問,ウェーバー式の伝統的な開発モデルへの不信,そして法制度の役割に対する懐疑にある。

　近現代史の主題としてポストモダン時代へ継がれた解放と発展はやがて時代の変化とともに発展し,新しい形で現れるようになった。解放と発展の間の緊張感がある程度緩和され,協力しあって発展する状態に変わってきた。つまり,この二者を組み合わせた新たなモデル,いわゆる「発展の権利」の誕生である[16]。

---

14) Gerard Delay, *Modernity and Postmodernity*, Sage Publications, 2000.
15) Jan Nederveen Pieterse eds., *Emancipations, Modem and Postmodern*, Sage Publications Ltd, 1992.
16) 国連総会"発展の権利に関する決議"(1979年)及び"発展の権利に関する宣言"(1986年)を参照。

⑷　発展の権利

　発展の権利は，解放という形で発展の促進を試み，人権擁護と経済発展を有
機的に組み合わせることによって，この2つの主題をポストモダン時代に直面
する危機から救おうとするものである。発展が一種の人権となると，それが正
当化され具体的な活動につながる。このような組合せは，ポストモダン社会と
グローバリゼーションからの挑戦に順応するために，解放と発展の間の緊張関
係を解消すると同時に，両者を新たな高みへと引き上げる。発展の権利という
思想は，1945年の国連憲章に始まる。1969年の「社会の進歩と開発に関する
宣言」において，開発原理，開発目標，開発方法が強調されるに至った。発展
の権利の主体が個人なのかそれとも国家なのか，開発の内容が主に人間開発な
のかそれとも社会開発なのか，開発の重点が経済なのかそれとも政治なのか等
をめぐって見解の一致には至っていないものの，発展が1つの権利概念として
広く受け入れられるようになった。1986年の国連の「発展の権利に関する宣
言」は，包括的かつ寛容な立場に立ち，全ての民族と個人は発展の権利を享受
できるとし，その内容は，市民，政治，経済，社会及び文化など各方面に及
ぶ。1993年の「ウィーン宣言及び行動計画」において，発展権の人権的性質
が全面的に確認された。

⑸　権利に基づく発展

　1990年代以降，解放と発展の主題には，非常に重要な変化があった。この
変化は，人権と発展を融合させたことである。アマルティア・セン（Amartya
Sen）によって提唱された自由の拡大のための開発という見解は，このような
融合についての理論的な到達点である[17]。発展権という概念が現れたことによ
り，人々は人権と開発を関連付けて考えるようになり，人権と開発は必ずしも
矛盾するものではなく，人権の発展と社会の進歩は互いに補完し合うことがで
きることに気付かされた。人権保障とは人々の生活の質を向上させることを意

---

17)　Amartya Sen, *Freedom as Development*, Andor Books, 1999.

味し，一方，開発の主たる目的も人々の生活水準を向上させることであり，実際，両者を同時に考えることは可能である。伝統的に，経済学者や社会学者は社会の発展に焦点を置いてきたが，法学者，哲学者，政治活動家は人権擁護を重んじる傾向があった。前者は，人権擁護者たちは理想主義にすぎると批判し，これに対して後者は，前者が開発活動のみに焦点を当てており，長期的な目標など考慮に入れてないと指摘し，両陣営の間には一定の対立が存する。なお，1900 年以降，人権の保障と開発の理論が融合され，いわゆる「人権に基づく開発」が生み出され，解放と開発の新しい動きが世界中で活発に行われるようになった。

　「人権に基づく開発」とは，1990 年代に登場した思想であるが，実際，比較的早い時期から同様の考えが国連の一連の文書に表れている。その思想の核心は，人権規範を開発の指針と開発計画の策定の原則とすることである。この思想はまだ進行中であり，体系的な理論の形成に至っておらず，また普遍的に認められたモデルの確立にも至っていない。しかしながら，この考え方は，環境保護，持続可能な発展，ジェンダー研究，子どもの発達及び保護といった領域においてすでに一定の成果が得られている。各国で様々な領域における実践報告が出されている[18]。

　権利に基づく開発アプローチは，公民権，文化的権利，経済的権利及び社会的権利を不可分かつ相互依存・相互関連する権利であると考える。要するに，これらの権利は，開発の枠組みのなかで，健康，教育，住居，司法，個人の安全及び政治への参加権などに反映されるべきであるとする。また，このアプローチは，責任主体とその権利・責務を明らかにし，実効性を確保することを強調するとともに，国に対して権利行使のための制度的及び政策的な保障を求め

---

18)　Lisa Fredriksson, "Swedish Experiences of the Human Rights-Based Approach," http://wwvz.dse.de/ef/human_rights/fredriksson.htm; Anne Helium, Towards a Human Rights-Based Development Approach: The Case of Women in the Water Reform Process in Zimbabwe, http://elj.warwick.ac.uk/global/issue/2001-l/hellum.html.

ている。さらに，より高いレベルでの参加，すなわち，コミュニティー，市民
社会，社団，少数民族の広範な参加を奨励している。このアプローチは，特
に，弱勢カテゴリーの人々の権利と開発に注意を払い，犯罪者，少数民族，移
民及び様々な理由で疎外されているグループの利益の実現を重視している。

　発展に関するこのような考え方は，明らかにポストモダンの特徴である。国
家は開発の主導者から責任の担い手となり，これまで無視されてきた勢力，つ
まり市民の力が，開発の主体，原動力となる。このような考え方は，大きな進
展を意味するものである。しかし，一方で残念ながら，それは，国連が策定し
た「国際人権条約」の範囲内，つまり30余りの権利の範囲内に限定しようと
するものでもある。このことは，国連開発計画（UNDP）の報告書で明らかに
示されている。しかし，人間開発の可能性は無限であって，これに対して，国
際人権条約において提唱されていることは非常に限られた範囲でしかないこと
を忘れてはならない。重要なことは，人間開発とは，人権の発展のみならず，
人間の精神や感情の発展でもあるということである。

　このようにして，解放と発展という2つの現代的な主題は，ポストモダン社
会に入ってから，ポストモダン的な方法でその歴史を刷新している。国に対す
る依存が大衆組織への支持に取って代わり，単一のトップダウン開発モデル
が，徐々にボトムアップのような多元的な開発モデルに置き換えられている。
人権の擁護もまた，国家や政府に依存していた状況から，個人や非政府組織へ
とシフトしてきた。これらは全て，解放と発展に対して再生の機会を与えると
同時に新たな要求をも提起しているのである。

4　解放，発展と中国

⑴　歴史と現状

　古代中国には悠久の歴史文化の伝統があったものの，解放と発展は，その主
題にはなれなかった。伝統的中国の政治哲学と社会制度の最大の特徴は，一種

の道徳全能主義である。法と宗教の役割が占める地位は，道徳よりはるかに劣り，両者は程度の差はあるが道徳化された[19]。道徳は人間の心性を，法は人間の知性を，宗教は人間の魂を映し出す。発達した道徳文化は，精神の発展に機会を与えるが，法の道徳化は，人々の知性を道徳と倫理によって強く制約し，宗教の道徳化は，人々の精神の発達を制約する。そのため，中国人の心性は発展しているが，知性と精神は比較的弱い。心性の言語は詩であり，知性の言語は論理と法であり，精神の言語は音楽である。中国の古典詩歌の修養がある人は，シェイクスピアをさほど素晴らしいとは思わないだろうし，また，中国の音楽と西洋の音楽を同時に語ることもない。心性は感情と正義により満たされ，知性は功利主義を追求し，精神は超越を追い求めている。心性の認知方法は直観であり，知性の認知方法は推理であり，精神性の認知方法は悟りである。心性は調和を求め，知性は自由を求め，精神は救いを求める。

　心性を基盤とする道徳全能主義は，終始，解放と発展の問題に直面する必要はなかった。なぜならば，この両者はいずれも知性に基づいているためである。人々の知性が十分に活用されてはじめて，解放と発展について理想を抱くようになる。さらに，解放も発展も古代中国文化において注目されなかったことには他の理由もある。まず，古代中国の政治哲学は主に「統治」について語り，支配と服従の間の秩序について注視するが，他方，支配と服従以外の事柄についてはほとんど関心がなかった。次に，中国の伝統文化は保守的であって，革新と発展に注意を払わない傾向がある。この点に関しては，歴代の刑法誌と法典に関する記録の微妙な変化から覗き見ることができる。さらに，古代中国には王朝の分裂と統合が繰り返され，漢民族の支配期には他民族の侵入を防ぎ，他方，他民族の支配期には漢民族による転覆を防がなければならなかった。そのため，古代の人々の政治的見識は制約され，「修身斉家治国平天下」を促すが，解放，発展，民主主義，人権等については思考することすらなかっ

---

19)　中国法の道徳化について，梁志平『尋求自然秩序中的和諧』及び『法辨—中国法的過去，現在与未来』を参照。中国宗教の道徳化に関する詳細な論考は見当たらない。

た。その他，古代中国には，大衆の保護のために歴代の王朝に立ち向かい，皇帝の支配から人々を救い信者にするというような普遍的な価値をもつ宗教や強力な教会もなかったため，解放という概念も生まれなかった。

19世紀以降，中国は西側諸国と向き合うことによって，自己の後進性を気付かされた。そこで，発展と解放の問題が最優先事項になった。清末以降展開された一連の改革や革命における様々な努力は程度の差はあったものの全て解放と発展に関係していた。

発展に関していえば，清末以降，中国人は，民族工業，市場経済又は現代的な経済システムを発展させるため，法による財産権や商品の生産交換システムの確立を目指して多くの試みをした。しかしながら，これらの努力は，外敵との戦いと内戦のなかで激しく浮沈し，明らかな効果は得られなかった。1949年以降，発展という問題は，過激政治主義に手綱をかけられ，一時期，束縛された道を進んだこともあったが，一定の成果を上げることもできた。1979年以降，発展の主題が経済改革として全国で推し進められ，短期間で驚くべき成果を成し遂げた。

中国の発展過程において，国家は常に支配的な立場にある。国家は発展計画の立案者であり，また執行者及び監督者でもある。これはやはり人為的発展モデルであって，西側の市場メカニズムに基づく自然開発モデルとは明らかに異なる。それは，資源の分配と管理の面において大きな恣意性があるため，分配の不平等と管理が不適切な社会状況をもたらした。資源の不平等な分配と不適切な管理によって引き起こされた社会的不公平は，当然のように1979年以降の経済改革にも付随している。「水辺の楼台を月が真っ先に照らす」というように，一部の者が，大量の資源を占有し，大きな分配管理権をもつようになったが，多くの人々は資源も管理権も持たない弱者の立場に置かれた。

これまでの25年間の改革において，中国政府はますます法の役割を重視するようになった。政府は，法は市場経済の保障であると認識したが，残念ながら中国の経済改革と法整備の進展はこれを証明できてはいないようである。換言すれば，法は，中国の経済改革において未だにさほど重要な役割を果たして

おらず，一部の学者や当局者が考えているほど重要視されなかったということである。周知のとおり，中国の経済改革の大半は民間部門に端を発しており，数年の実践経験を経て，政府の認可を得て，政府が政策を策定し，全国規模で推進し，機が熟してから法を制定するというように漸新的な形で行われてきた。しかし，法の制定後は実効性が問題となり，社会情勢も絶えず変化しているので，新たな状況が出現すると，政府は再び新しい政策を発布し，関連法の改正を行うということを繰返してきた。この過程で大きな役割を果たしたのは政策であり，法ではない。当然ながら，このことは批判されるものではない。なぜならば，移行期における社会では絶えず変化が生じるため，柔軟な対応が求められるからであり，この点において，政策は法よりもはるかに効果的であるからである。

　中国が直面している解放の任務は，決して発展の任務に劣るものではないが，国の政策は発展に重心を置いているようであり，そのなかでも，中心的な考え方は経済発展には安定した環境が必要であるというものである。このような指導思想の下で，法整備は，国家，企業，会社といった集団の利益保護に重きを置いて行われている。そこで，法は，人間の普遍的な価値観を体現し，権利を保障するものとは位置付けられておらず，むしろ，経済発展のための有力な道具であり，経済効率を向上させる重要な手段として位置づけられた。このような考え方に応える法意識は，国内法主義である。このような法意識は，フェルディナント・テンニエス（Ferdinand Tönnies）とエミール・デュルケーム（Émile Durkheim）が提唱した共同生活・共同社会，機械的連携・有機的連携のいずれにも属さない。共同社会を基盤とし徐々に国家の意識へと発展していったものの，個人の権利を中心とする社会形成への発展には至っていない。同様に，このような法意識は伝統の縛りから解放されることになったが，現代化へと進展することもなかった。その最も重要な特徴については，次のように要約できる。まず，それは制定法を重視し，民族の慣習法を軽視し，国家がすなわち法であり，法はすなわち国家であると考える。次に，経済発展を最優先事項とする考えのもとで，法は経済発展に大きな貢献をしたが，人権保障と国の政

治活動に対する法の役割は非常に小さかった。さらに，法の遵守は市民の基本
的な義務であり，個人の義務ではないと考える。換言すれば，法を遵守するこ
とは，自発的な道徳的行為ではなく，一種の強制された規範行為ということで
ある。

(2)　将 来 構 想

　総じていえば，中国において，解放は発展と同様に達成されてない主題であ
る。ポストモダン時代におけるこの２つの主題は，もはや国家の力のみでは遂
行できない。ポストモダン時代の解放と発展は，非政府組織，市民社会，その
他の民間の力によって達成せざるを得ない。「人類の幸福を創造するのは我々
自身の力で」というインターナショナルの歌詞は，まさに，ポストモダン時代
における解放と発展の主な指導思想である。ポストモダン時代における中国の
解放と発展がどのように続けられるのかについては予測し難い。ただし，次の
ような議論の対象になり得る幾つかの注目すべきことがある。

　第１に，解放を目的とした発展観を採るべきことである。解放は，人の自由
を実現するためであり，また発展も人の自由の実現のためである。解放は，創
造力と発展に自由空間を与えるものであり，発展は，それらを運用することで
ある。解放は，人々に精神的な自由を与え，発展は，人々に物質的な自由をも
たらすものであり，両者は自由の表裏一体である。発展の過程で解放を追求
し，解放のなかで発展を求めることは，互いに矛盾することもあるが，他方で
互いに補完し合う側面も併せもつ。この点において西洋人の解放と発展への追
求の歴史が参考になる。すなわち，一方では，利益の追求を正当かつ崇高な行
為とし，他方では，資本主義の発展が精神的価値観によって制限されることで
ある。そのため，貪欲な資本家は常に宗教的教義に縛られ，平日は金を稼ぎ，
週末に懺悔する。富はこの２つの対立のなかで蓄積され，歴史はこのような内
在的な緊張感のなかで書かれている。発展のために解放を犠牲にするという発
展観を支持する十分な理由はない。

　第２に，法，道徳，宗教を組み合わせた総合的方法によって，解放と発展事

業を推進しなければならないことである。前述のように，近代西洋史上，解放と発展の双方が現代の法の支配に依拠してきた。法は，人権擁護の形で解放を提唱し，財産権の保護という手段で発展を推進するが，それは法に対する敬虔な信仰に基づくことを前提とする。しかし，ポストモダン時代に入ると，法はかつての栄光を失い，法治社会を形成するための条件はもはや存在しなくなった。法は，あくまでも様々な統制手段の1つにすぎず，完全に法によって社会統治を行うことは不可能であるしまた賢明なやり方でもない。

　実際，現代の西洋社会において，法の重要性は周知のことであるとしても，宗教の力を過小評価すべきでない。プロテスタントの倫理が資本主義の発展の原動力であるというマックス・ウェーバーの論説は，妥当でないかも知れないが，人々の解放に対する宗教の影響力は否定できないものである。例えば，人権概念の起源，法の起源，法の下の平等という原理，慈善の原理等は，人の解放と発展に密接に関連する事項であり，その全てが宗教に由来している。さらに，宗教は道徳の源でもある。西洋人の道徳観は宗教と法に由来し，西洋の理論で議論されている事柄の一部が宗教に，一部が法に由来する。例えば，善と悪の概念は，宗教に基づくものであるが，権利と義務の概念は，法に依拠している。さらに，西洋人は宗教や法から独立した道徳観を持っていない。これに対して，中国の状況は大きく異なる。中国は伝統的に道徳観と原理に富んでいるが，他方，宗教と法には長けていない。中国の道徳は対人関係に基づいており，法は対人関係について批判をしている。中国において宗教は常に道徳化されてしまうため，独自の発展を形成できなかった。他方，法は進んで道徳の従属物になった。

　今日の中国は，伝統的な道徳を放棄しつつ，他方で現代西洋の法を受け入れようとしている。このような在り方は，中国人の解放と発展の助けになるものではない。道徳に関していえば，人の解放とは，人を道徳観念のない動物に変えることを意味するものではない。また，精神的価値（宗教的又は道徳的）による制約のない資本主義の発展は恐ろしい発展であり，それは人々をしてためらうことなくその理性を自己の欲求を満たすために使わせるようにし，有益な発

展を悪の蓄積に変えてしまう。中国人が道徳を放棄するならば，それは真の意味で全てを失うことを意味しよう。

　法に関していえば，中国においては西洋の法を移植する必要があることは明らかである。しかし，これによっていわゆる法治社会が形成されるかどうかは疑わしい。前述したとおり，西洋社会で法の支配を生み出した条件はもはや存在しない。また，西洋諸国以外の国々における西洋の法の支配の移植は形式及び手続きの模倣であり，いわゆる一般的な意味での用語と制度にとどまり，法の支配を産み出した文化的雰囲気と文化的価値を再現することはできないのである。例えば，普遍的な宗教，自然法の思想[20]，封建王朝を打倒したブルジョアジーの革命的な熱意，揺るぎのない法的信念，無敵の科学主義，客観主義と合理主義など，現代の法の支配と密接に関連するこれらの文化をそのまま中国に移植することは不可能である。実際，中国においては，科学主義，客観主義及び合理主義のみが，ある程度の発展の余地を持っている。しかし，これらの価値観も，常にポストモダンの思想，脱構築主義，解釈学及びその他の新しい見解の影響と挑戦にさらされている。要するに，法の支配だけに望みを託すことは期待どおりの効果が得られないであろう。

　これに対して，人々の宗教観を育むことは追求に値するかも知れない。ほとんどの中国人は宗教観を欠いているため，彼らの行動には内在的な制約がなく，彼らに影響を与えうるのは権威と利益だけである。しかし，これらの外部の制約は，とりわけ汚職や犯罪のような事柄に対しては機能しないこともある。究極の意味において，人の解放と発展は，人間の本性の昇華，すなわち人間の本性，知性及び精神の昇華であり，解放と発展を追求する理想的境地は，この3者の向上の追求であるべきである。優れた社会的枠組みは，この3者に対して開かれた環境を提供することである。道徳，法及び宗教の3者が融合することは，まさにこの理想的境地の求めにかなったものである。中国で必要と

---

20)　自然法に関する最も優れた叙述がなされている書にダントレーヴ（Alexander Passerin d'Entrèves）の『自然法』がある。

されているのは,法の支配に向かって努力することだけでなく,さらに重要な
こととして自己の道徳的伝統を取り戻すとともに,宗教王国の領域を開拓する
ことがある。

　第3に,可能な限り政府に依存しないことである。解放と発展の問題におい
て政府が果たす役割は,上述のとおり無視できない存在であり,さらには必要
な前提条件でもある。しかしながら,政府は,非政府組織,市民社会,その他
の民間団体さらには個人の役割に取って代わることはできない。人間の解放は
究極的には個人の解放であり,個々人の主体的意識,人権意識及び解放意識が
強くなければ,無意識のうちに権利が侵害される可能性が非常に高い。加え
て,政府の資源,能力とエネルギーも限られており,あらゆる場所や全ての個
人に焦点を当てることは不可能である。最も,政府には政府の利益があり,し
かもその利益は必ずしも常に個人の利益と一致するわけではない。民主的な政
府であっても,それは一部の人の利益を犠牲にしながら,その他の人の利益を
守ることを責務としている。全ての人々を代表する政府は1つもないのであ
る。こうした状況下で,解放と発展事業は個人とコミュニティーを対象として
展開されるべきである[21]。国家が主導権をもつ現代の解放と発展モデルは,制
度の構築とマクロ的なコントロールを主な特徴とする。それは,大規模な開発
に焦点を当てており,社会の最下層にまで到達するのは難しい。ポストモダン
の改革者たちは大規模な発展にあまり熱心ではない。逆に,彼らは個人とコミ
ュニティーの発展,個人の自主性の育成,コミュニティーの構築の支援に力を
注いでいる。このような細部から着手するモデルは,特定の人々やコミュニテ
ィーに直接関係しているため,最も効果的なモデルと言える。これは,大きな
ところから着手し,マクロ的なコントロールを行い,制度の構築に焦点を当て
ているモデルをよく補完することになろう。

---

21)　この点に関しては,例えば,Michael Mcginnis eds., *Polycentric Governance and
　　Development*(Ann Arbor: Michigan University Press, 1999) がある。

第13章

寸評『現代法学に関するエッセイ』

『現代法学に関するエッセイ』（*An Essay on a Contemporary Jurisprudence*）の著者ピーター・ブレット教授（Peter Brett, 1918-1975）は，ハーバード大学の法学博士で，生前はオーストラリア・メルボルン大学法学部主任を務めていた。彼は，長年にわたって法学教育と研究に従事し，西洋法発展史に精通し，コモンロー制度の構造体系を熟知していた。長年の教育の中で，彼は，西洋法学の研究について「法学はすでに苦境に陥っており，早急に新たなスタートが必要である」という結論に至った[1]。ブレットは，歴史上の各派の法学は，それぞれが基礎とする哲学理論と方法を有しており，そこで，新しい法理論の出現にも新しい哲学理論や方法による必要があるとする。この思考から，ブレットは，法学の新たな研究を始めた。その研究成果に『現代法学に関するエッセイ』（以下，『法学エッセイ』という）がある。『法学エッセイ』は，1975年に英国のバターワース出版社によって出版された。100頁にも満たないが，彼が心血を注いだ著作であり，彼の最後の一冊の本でもある。ある評者は，「この本は21世紀の法哲学に関する先駆的論文であり，2001年以降を見据えたものである」[2] と評した。『法学エッセイ』の中で，ブレットは，カール・ポパーの「3つの世界」の理論，体系論，完形心理学の観点と手法を用いて，法学の一連の

---

1) Peter Brett, An Essay on a Contemporary Jurisprudence, Butterworths, 1975, p.2.
2) ルイスウォーラー（Louis Waller）氏が『現代法学に関する法学エッセイ』のために書いた序文。Ibid.

重大な問題を探求し，法学研究の新しい局面を開拓し，新しい道を開いた。その探索と貢献を理解し，考察する意味があるところ『法学エッセイ』について簡単に紹介する。

1

『法学エッセイ』で，ブレットは最初から「法学は早急に新たなスタートを切る必要がある」という大胆な構想をし，伝統的な法学に挑戦し，彼の新しい法学の発展のための出発点を求めた。人々がこのような観点を受け入れるには，十分な根拠と十分な証明が必要であり，そのため，彼は西洋法思想史を簡潔に回顧した後，各派の法学の欠陥を示した。

　ブレットは，自然法学は既存の法制度を維持するために用いられるとともに，反対するためにも用いられると言う。例えば，自然法学は，奴隷制度を維持するために使われたり，奴隷制度に反対するためにも使われたりした。自然法学が強調しているのはある種の抽象的大原則であり，これらの原則は往々にして具体的な状況に応用できず，それが追求している普遍的な倫理原則は実際上存在しないと言う。なぜならば，世界には全ての人に適用する権威ある倫理基準は存在せず，多くの異なる体系の倫理原則は選択することができるが，どの原則を選ぶかは難問であるからである。また，自然法学が法と権力の関係を否認している点も間違っていると言う。「目の前の法律が明らかに不当なものなら，裁判官がヒトラー的な人物に，"あなたがこの法律を制定することはできない"と言っても，答えは必ず"我が既に制定したのだ。汝がそれを実行するか，又は，我が汝を罷免するか，もしくは処罰するかだ"というものであり，ここに法が機能するかどうかという問題は権力にかかっている」[3] ということになるからである。

　そこで，ブレットは，法実証主義は自然法学に対抗するために必要な理論で

3)　Peter Brett, *An Essay on a Contemporary Jurisprudence*, Butterworths, 1975, p.6.

あるとし，この理論は多様であり，それぞれに特色があるが，2点の共通項があると言う。1つは，いかにある規範を法規範とするかということであり，もう1つは，法と道徳の分離である。

　ブレットは，「ある1条の規則が，法規則であるのか」というような問いは，それ自体提起する必要がないと言う。なぜなら，特定の法制度内では，法規則は法規則であり，いかなる規則でもなく，特定の法制度を超えた法規則は存在しないからである。しかし，実証主義者はこの問題について大いに論じ，一連の検証基準を示した。これらの規則は，道徳的な要素を含まないため，実証主義者は法と道徳の分離を主張するが，実際には法と道徳は相互に関連し，相互に作用する2つの規範体系である。「正義と道徳の観点から完全に離れて，分離制度を作ることは，銃によらなければ執行の術はなく，人に受け入れられない。銃により執行される法制度は，法制度ではなく，奴隷制度と呼ぶのが相応しい。」[4]

　パウンドを代表とする社会法学派は，法は，人の権利主張が衝突したときに，当事者を最大限に満足させるべく調整するものであるとする。しかし，パウンドは，この任務が裁判官によってなされるべきなのか，それとも別の法機関によってなされるべきかについては，明確にしなかった。ブレットは，人の抱負や主張は静的なものではなく，絶えず変化し続けており，裁判官が目の前の事件における権利の要求と必要性を逐一列挙することは不可能であり，衝突する利益を確認する術はないと言う。また，社会法学者は，仮にこれらの権利の要求，抱負，必要性などを逐一列挙することができるにしても，個々の権利の要求，抱負，必要性などを正確に衡量する手段を裁判官に提供することはできないと言う。なぜならば，これら任務は，定量化できないものを定量化しようとすることであるからである。ましてや，社会法学派のそれぞれの権利要求について満足させなければならないという主張自体が現実的ではない。例えば，強姦犯が，他の強姦もするという要求も満足させるべきなのか。

---

　4)　同前，12頁。

　法現実主義に至っては，まだ学派と呼べるほどのものはなく，せいぜい１つの方法にすぎないとブレットは考えた。それは，各派の法学の失敗から生じた過分の努力であり，極めて批判的精神に富み，また破壊的であるからである。米国のリアリズム法学者の観点は，いかなる法制度も存在せず，法廷の仕事は基本的に予言できず，いわゆる法規則もないに等しいという結果を導き出すものであった。スカンジナビアン・リアリズム法学はやや異なり，その哲学的基礎は論理実証主義と簡約論である。論理実証主義の主な信条の１つは，ある命題が経験的に証明されなければ，この命題は無意味であるということである。論理実証主義のこの信条は，経験により証明できないため，無意味な命題であるということである。そこで，論理実証主義は，その魅力を失った。簡約論は，一種の分析方法であり，それは複雑な事物を若干の異なる構成部分に分け，各部分の規律で分析された複雑な事物の全体的規律を解釈するというものである。ブレットは，この方法は，事物そのものに秩序があり，その運動法則があることを無視しており，体系論の観点から立脚し難いと指摘する。

　以上のように，ブレットは各派の法学の観点について逐一検討し，それらの欠陥を指摘し，同時に彼の新しい法学の根拠を探し出した。それは，法学がすでに苦境に陥っており，多くの重大な法律問題について納得できる解釈を提供することができず，このために法学について探求し直す必要があるということであった。

2

　法学を改めて探求するに際して，何から始めるか。ブレットは，法学の発展は哲学と科学の発展にかかっており，新しい法学理論は必ず新しい哲学又は科学の中から自らの根拠，動力と方法を見付けなければならないとした。そのため，20世紀に発展してきた科学哲学，体系論，形態心理学などをごく自然に注目するようになり，それが彼の新たな試みに理論的基礎と分析方法を提供した。では，ブレットは，これらの新たな理論や観点をいかにして法学の研究に

適用したのだろうか。

(1)　「世界 1・2・3 論」と法学研究の対象

　「世界 1・2・3 論」は，近代西洋科学哲学の主要な代表の 1 人であるカール・ポパーによって提唱された。ポパーは，世界の全ての現象を物質的現象と精神的現象に帰結するという伝統的認識論に同意しなかった。彼は世界を客体と状況の世界（世界 1），意識状態及び全ての主観的知識の世界（世界 2），問題，理論，人類の精神産物を批判する世界（世界 3）に分類した。ポパーは，伝統的な認識論は世界 2（心理社会）に注目し，科学知識研究の本題を離れていると考える。彼は，客観的な知識の世界 3 における理論と理論の間，理論と基本陳述の間の論理的関係等を研究すべきであり，世界 3 は，独自の生命を有し，他の 2 つの世界から独立して発展することができると言う[5]。

　ポパーの「世界 1・2・3 論」に基づき，ブレットは，ある現存する法，例えば，英国法又はビクトリア州法は，疑いなく学問又は知識体系であり，世界 3 の範疇に属し，それ自身の生命力を持っていると述べる。議会の条例や裁判官の意見によって形成された知識体系であるが，これらの条例や意見が一旦法律になると，議会や裁判官はその将来をコントロールすることはできなくなる。したがって，法が社会変革を積極的に促進するためには，世界 3 の現存する法体系を検討する必要がある。法学研究は，文字及びその意義の論争に縛られず，「法とは何か」，「法の本質は何か」といった問題を探究する必要はないと言う。

　指摘すべきことは，ブレットの法学研究における既存の法に着目すべきだという観点は，事実上，社会法学派が法学者に社会的実践，「生きた法」を研究するように要請していることと完全に一致していることである。異なるのは，ブレットが認識論の観点から理論的根拠を見いだしたのに対して，社会法学者は常に実用主義の「効果」と「利益」の枠内にいるという点である。

　5)　卡尔・波普尔［カール・ポパー］『無窮的探索─思想自伝』福建人民出版社，1987 年，191-195 頁。

(2) 法制度は多次元の開放体系である

　ブレットは，法学研究は現存する法体系に注目すべきであるが，現存する法体系をどのようにみるのかということを問う。アメリカの社会法学派の代表的学者パウンドは，発達した法体系の中で，少なくとも４種類の異なる要素，すなわち，原則，規則，基準及び概念があるとする。基準や概念は，具体的問題では適用できず，基準や概念をいつどこで利用するかは規則によって規定される。したがって，基準と概念は，規則に従属し，規則は原則に従属する。このように，法制度は多次元の法体系を形成している[6]。しかし，世界３の一部の多次元の法体系は，世界３における唯一の統制機能のある規範ではない（ほかに，自成体系的規範，例えば道徳規範，礼儀規範などがある）。そこで，ブレットは，「法制度を人の行為を統制するその他の規範体系と相互作用する環境下にある多次元の開放体系とみるように提案する」[7]と言う。

　ブレットによれば，法制度を開放体系とみることには，少なくとも２つの利点がある。すなわち，第１に，道徳と法律の関係をいかに正しく解決するかという昔からの理論上の困難に直面することを避けることができることである。第２に，法体系とその他の体系，例えば経済体系，道徳体系間の相互作用と影響を研究するのに都合が良いことである。

　第１の問題について，ブレットは，自然法学は，法を道徳規範の下位体系とみるが，実証主義法学は道徳と法律を切り離して議論し，両者は何年も議論を続けたものの，なお結論が出ていないと指摘する。実際に，法と道徳は２つの下位体系に属し，それらは相互に作用し，影響する。法制度を開放体系としてとらえ，道徳体系との相互作用を併せて研究すれば，自然法学と実証主義法学の何れかを選択するということは避けられる。

　第２に，ブレットは，以下のように言う。１つの社会自体が１つの大きな体系であり，社会行為は法，経済，道徳などを含む幾つかの下位体系を通して，

---

6)　Roscoe Pound, *An Introduction to the Philosophy of Law*, Yale University Press, 1954, Chapter 3.

7)　Peter Brett, *An Essay on a Contemporary Jurisprudence*, p. 40.

相互作用し，調節されている。第1体系の変化は第2体系の変化を引き起こし，第2体系の変化は第3体系の変化を引き起こす。そして，第3体系の変化がフィードバックされ，第1体系に新たな変化を促すことができる。このような変化過程は直線的ではなく，フィードバックによる循環変化の過程である。この過程において，各体系間には常に相互作用，相互適応がある。法制度を1つの開放体系とみなすことは，それが経済，道徳など下位体系に対する積極的と消極的影響及び作用を研究することに有用である。

　しかし，このような循環変化の観点から，社会全体の行動の一部に予期される変化を起こすことは困難である。それだけでなく，変化がもたらす結果には長期的なものもあれば，短期的なものもあり，両者の間には一貫性がなく，ときにはその逆もある。このため，法改正は複雑で困難な作業であり，一部の人が思っているほど簡単ではない。例えば，人に何かの行為をすることを禁止するために，法を制定し，この行為を違法と規定すれば，この結果として人はこの行為をしなくなる。ところが，このような単純な因果関係を重視する考え方が失敗した例は枚挙にいとまがない。将来，過ちを犯さないために，現在の法改革者は改革がもたらす結果に十分注意しなければならず，法改革と社会の下位体系を結び付け，それらの相互関係から検討しなければならない。

(3)　仮説演繹法，ゲシュタルト及び判決

　『法学エッセイ』の中で，ブレットは，コモンロー体系における重要な「裁判官はいかに判決を下すのか」という問題について多くの精力を注いだ。ある事件に特定の法律が適用される場合には問題にならないが，明確な適用法がない事件に遭遇した場合，裁判官はいかに判断を下すべきかについては検討の余地が大いにある。人々が判決について話すとき，大多数は後者，いわゆる「司法手続きの創造性の一面」を指す。一般的に，裁判官が新たな判決を下すのは，既存の規則を拡張解釈する場合と，新たな規則を作る場合である。この現象をどう解釈すべきか。従来の解釈は大きく2つある。1つは，難しい事件に遭遇した場合に，裁判官は自らが掌握する証拠に基づいて，帰納法によって，

従来の判決における判決理由から，面前の事件に適合する判決理由を見付け出し，新たな判決を下すことである。もう1つの解釈は，裁判官が政策的選択をすることである。ブレットは，何れの解釈にも異議を唱えている。彼は，従来の判決における「理由」はいかにして見付けられたのか，すなわち「正確」又は「真」とは何かについて議論が必要であると言う。経験上，帰納法は一種の幻想であり，しかも多くの判決理由が曖昧であること，又は開放的であることは，帰納法によっても正確には果たし得ず，正確かつ必要な結論を導く可能性は大きく減じられているということは周知のとおりである。2つ目の解釈が足りないところは，いわゆる「司法政策」とは何かということであり，これに対して従来から納得のいく説明はなかった。政策は，主観的な選択のようにみえるが，裁判官の経歴，品格，受けてきた教育，政治信条などがもたらした結果でもある。

それでは，ブレットは，裁判官が判決を下すという現象についてどのように解釈しているだろうか。裁判官は，科学者と同様の手法，すなわち仮説演繹法を採用していると主張する。仮説は，ゲシュタルトの観察能力を用いて得られたものである。ゲシュタルトの観察能力とは，人が物事を全体的にみる能力のことである。この能力は，視覚や感覚の観察に限定せず，世界3に存在する知識体系，陳述，観点などの観察にも適用できる。このとき，ゲシュタルトの観察能力は，人がある事物につねに内在する基本性能に対する抽象能力と言える。時期によって，同じ事物のゲシュタルトも異なる場合がある。例えば，ある友人のイメージは常に変化していて，会うたびに以前とは少し違うことがわかる。また読書のように，傑作を読むたびに，いつも違った理解ができる等々である。ブレットは，このゲシュタルト能力は，裁判官が司法判断を下す際に必要不可欠な要素の1つであると考える。ブレットによると，裁判官の意思決定には，大きく2つの段階がある。

まず，裁判官は，担当する事件に適用可能な法規則を見付け出すという課題に直面する。彼は大量の関連する判例の中から選択を行い，それを観察することで新しいゲシュタルトを得る。この新しいゲシュタルトに基づき，彼は仮説

を提示し，それを規則や原則の形で初歩的表明をする。

　次に，ある仮説が形成されると，裁判官はそれを検証，証明する。彼はこの仮説を既存の全ての事件と照合し，科学者が自分の理論が観察された結果と一致するかどうかを検証するのと同じように，それらが一致するかどうかを観察する。

　指摘すべきことは，科学者が時として既存の理論に異議を唱えたり，又は単に棄却したりするように，裁判官も時として元の判例を覆したり，又はそれに従わないことがあるということである。1つの判決が永遠に変わらない判例であると思われがちであるが，コモンローでは，条件の変化により従来の判例が修正されることは珍しくない。

　もちろん，ブレットは，判決は，過去の判例のみに基づくもので，成文法を援用しないわけではないと言う。裁判官は，成文法の規定を解釈する権利があるが，彼は成文法を無視するわけにはいかない。仮説を形成する際に，裁判官は必ず成文法を考慮し，彼の仮説をそれに一致させなければならない。

　以上，ブレットが『法学エッセイ』において提起した観点と主張を簡単に紹介した。ブレットは，新しい法学を積極的に提唱している。その法学の研究対象は，主に「既存の法律制度」であり，その研究方法は総合的で，例えば，「世界1，2，3論」，体系論，ゲシュタルト心理学など現代の哲学や科学の研究成果を取り入れたものである。この意味で，ブレットの新しい法学の観点を一種の総合法学とみることができる。『法学エッセイ』は，体系的な理論ではないが，法学研究の新局面を開く上で積極的な意義を持っている。ブレットは，「私はこの数頁の中で1つの完全な理論を提示しようとしたわけではない……しかし，最初の試みは必ず誰かがやるべきであり，それが他人か，又は自分かということである」[8] と述べている。

---

8)　Peter Brett, *An Essay on a Contemporary Jurisprudence*, p.1.

第Ⅲ部

地方法制の意義

第 14 章

非終局性，「青天大人」と
理想の裁判官ヘラクレス
—— 伝統中国の公正観について論ずる ——

　ランドル・エドワーズ教授は，中国の古代と現代の法制度に含まれる法の価値には5つの主題があることを明らかにした。この主題とは，(1)官吏が所期の政治・経済目標を達成する使命感，(2)社会は有機的でシームレスで密なネットワークのような総体であるという世界観，(3)権利は国家により無償で提供され，その興廃もすべて国家にかかっているという実証主義権利観，(4)非対抗の紛争解決方式，及び(5)法手続きの非終局性である[1]。本章は，前述の最後の主題(5)について検討する。司法手続きの非終局性は，古代中国の特色であり，現代中国の司法制度の特色でもある。以下において，主に古代中国の特色について叙述する。中国の司法手続きの非終局性の概念を解釈することから始め，中国社会の背景と結びつけてこの法律現象を詳細に分析し，最後に，2つの裁判官中心主義について簡単に比較する。

1　非終局性とは何か

　エドワーズ教授は，非終局性の意味について，「当事者が依然として不公正と感じれば，いつも統治機関に再審を求めることができる」[2]ことであると言う。換言すれば，事件は永久に解決できないということである。司法手続きに

---

1)　R. Randle Edwards, *Human Rights in Contemporary China*, Columbia University Press, 1986, pp.43-47.
2)　同上，47頁。

終局性がないことが，古代及び現代中国の司法概念と実務における重要な特徴になっている。晁裴哲という一般人が公正を求めた事件が現代中国で最も衝撃的な事件として知られる。この事件は 26 年に及び，1,300 回の再審請求が行われた[3]。中国の歴史で数十回の再審請求がなされた事件は少なくない。非終局性も礼譲社会の司法制度によく見られる特徴である[4]。例えば，ユダヤ人には固有の法伝統があるが，中国にも仔細に検討に値する独特のものがある。

　本章は，3 つの観点から非終局性の意味を分析していきたい。まず，中国の法手続きに内在する特徴について検討する。これは非終局性という現象の理解に役立つと考える。次に，公正観と社会枠組みを背景にして非終局性を解読する。

2　法手続きと非終局性

　表面的には，中国の法制度自体から非終局性という概念を解釈できる。中国の法制度の中にある以下の幾つかの要素が非終局性を示している。

(1)　手続きと官吏

　古代中国の司法制度は，政治と行政から独立していないことは周知のとおりである[5]。独立して判決を下すことのできる裁判所がないだけではなく，当事者を代理して訴えを提起し，抗弁をする法曹界も存在しなかった。歴代王朝の司法体系は，官僚の階級と一致し，階級が上がるにつれて重要性も高まる。州・県の裁判所は最下層にあり，府・省の裁判所は中間層にあり，中央の司法部門は最高階級にある。各階級の行政長官が，当該階級の裁判官を兼務していた。事件が重大であるほど，最終決定権を持つ機関が重要な役割を果たしてい

---

3)　民主与法制，1989 年第 1 期。

4)　卡門卡＝鄭汝純『法律与社会控制』（Eugene Kamenka and Alice Erh-Soon Tay, *"Law and Social Control"*, 1980）及び『正義』（*Justice*, 1979）。

5)　D. Boddle & C. Morris, *Law in Imperial China*, Harvard University Press, 1967.

た。

　清朝の司法制度を例にとれば，清朝の司法体系は5級で構成され，州県，府，省（訳注：清朝の行政区画は，階級の上から下に省，府，県，州がある），巡撫又は総督，及び刑部である。州県レベルでは，県知事が民事事件と杖刑，笞刑や徒刑に関わる事件に最終的な判決を下す。県知事は，流刑など重大事件に対しては，意見を述べることができるだけで，最終判決を下す権限はなかった。第2級の審判機関は，通常は府又は道と呼ばれていた。府の長官である府知事又は道台が，裁判を担っていた。道と府が共存した時期があるが，この時には道の格は府の格より高いとみられた。府知事又は道台は，より大きな司法的責任を負い，県知事を監督し，県知事から報告された刑事事件を審査し，県の民事，刑事事件の上訴事件を審判し，併せて管轄区における一審事件を審判し，上級から委嘱された事件を処理していた。第3，4級の審判機関は，省級に属する。各省は，2つの独立部門があり，行政事務を司る布政司と第3級として省内の重大な刑事事件を担当する按察司である。按察司は，巡撫又は総督に対して下級の司法機関が審理した事件を報告し，同時に下級の司法機関を監督していた。総督は，省内最高の裁判機関であり，第4級の裁判機関であり，按察司を監督・指導していた。総督は，按察司が処理した事件を再審，審判し，これを刑部及び皇帝に上申した。皇帝が，総督に対して事件を審理するように指定した場合には，総督は自ら審理しなければならなかった。第5級の審判機関の刑部は，上訴事件を審理し，下級の審判機関が処理した重大事件の再審をした。刑部は，京師官吏に関わる事件と都の出来事を管轄した。刑部は，流刑を下す権限を有していた。刑部の判決は，大理寺で再審され，都察院（監察機関）の監督を受けた[6]。こうした官僚の階級型の司法体系，すなわち行政官吏が裁判官を担当することは，司法手続きの非終局性に2つの影響を与えた。まず，独立性を欠くという意味において，各級の官吏が司法手続きに参加できるとい

---

6)　William Alford, "Of Arsenic and Old Laws: Looking Anew at Criminal Justise in Late Imperial China", California Law Review, Vol.72: 1180（1984），張偉仁『清朝法制研究』台北「中研院」歴史言語研究所（1983）。

うことである。実際に，庶民にとってすべての官吏が司法に影響を与える可能
性があると言える。特定の官吏に審判権があるとはいえ，すべての官吏が社会
の調和を守り，正義を高揚する責任を担った。それ故に，不当な扱いを受けた
と思う者がいれば，常に適当な官吏を探して訴えることができた。例えば，清
朝では，省の訴えは司法事務を担う按察司が処理するが，当事者は行政事務を
担う布政司に訴えることもできた。中央では，当事者は監察院又は歩兵衙門に
訴えることができた。

　もう１つの影響は，官吏の頻繁な転任によるものである。同一事件におい
て，審理する裁判官が頻繁に交代することが避けられなかった。このことが，
法の運用に大きな支障をきたした。裁判官が異なれば，同一事件に対してでも
異なる見解がある。現代の法制度でもこのような現象は少なくない。裁判官が
交代するということは，審理済みの事件も再審理される可能性があるというこ
とである。各裁判官には，前任者が処理した事件を再審したり，覆したりする
権利がある。一般的には，新任者が常に前任者の判決を覆すということはない
が，前任者と後任者が異なる階級又は門閥に属し，関係が良好でなければ，新
任者は前任者の判決を覆す可能性がある。このことは，低階層の上訴人にとっ
ては役立つものであった。だが，都での上訴で多くの官吏が関わる事件では，
必ずしも上訴人に有利には働かない。上訴人に不利な判決を下した官吏は，解
任・転任されることはない。ただ，一般的には，巡撫と総督の役割が最も重要
であり，彼らの解任又は転任は，上訴人に重大な機会を与えることになる。も
ちろん，これも他の要素により決まることである。総督又は巡撫は，解任され
れば権力も失い，上訴人が勝訴する可能性が出て来る。しかし，総督又は巡撫
がより高位の官職に昇進したら，上訴人が勝訴する望みはほとんどなくなる。

(2)　直　　　訴

　もう１つ強調すべき点は，直接に皇帝に陳情する制度があることである。皇
帝は正義の源と認められるので，直訴は，自分は冤罪であると考える庶民にと
って，最終的な手段である。直訴は，事件の再調査，再審理の可能性を与え

る。

　皇帝に直訴をした事例が周朝ですでにみられる。「周礼」によると，皇帝は自ら事件を審理するため朝堂の外に太鼓を掲げ，冤罪の扱いを受けた者がこの太鼓を叩いて皇帝に訴えることができるようにしていた[7]。冤罪を訴え，かつ地方の官吏の審理を拒む庶民は，冤罪が聞き入れられるまで，桃色の石「肺石」の上に 3 日間立ち続けることができた[8]。肺石の上に立つということがいつ始まったのかは定かではないが，多くの王朝で太鼓を叩いて直訴をするということがみられる。法制史学者，例えば楊鴻烈と張金鑑は，肺石に立つということは南北朝時代から始まったとし，他の学者はそれより早く，おそらく晋代かも知れないと言う[9]。漢代には，有名な皇帝に直訴する物語がある。ある官吏が告発されたところ，彼の末娘が上京して漢文帝に直訴し，ついには直訴が成功したというものである[10]。隋代には，「重大な冤罪であれば，直訴は審級になされるべきであり，冤罪が解決されなければ，冤罪を受けた者は太鼓を叩き，責任ある官吏はこれを記録し，上申しなければならない」という記述がある[11]。

　唐代には，冤罪を受けた者は，皇帝に訴える手段として，皇帝の馬車の前に立ちはだかるか，太鼓を叩くか，陳情書を提出するか，肺石に立つという 4 つがあった。宋元明清代の法典にも類似の規定がみられる。しかし，清代では直訴は厳しく制限され，非常に重大な事件に限られた。この法典では，虚偽又は不実な上訴を厳しく処罰することもみられる[12]。

　要するに，太鼓を叩くか，又はその他の許可される手段で，皇帝又は高官に直に訴えることは，上訴人により多くの再審機会を提供するものであり，この

---

7)　『周礼』夏官，秋官篇。

8)　同上。

9)　陳光中他『中国古代司法制度』群衆出版社，1984 年，155 頁，注) 1。

10)　同上，155 頁。

11)　『隋書・刑法誌』参照。

12)　同上。

ことから事件に判決が下っても終局ではないということになる。

⑶ 上　訴　人

　上訴人が法体系において享受する柔軟性も司法手続きの非終局性を反映している。司法手続きには，いつ，誰が上訴できるかという特別の規定はない。上訴人は，下級司法機関が下した判決を直ちに上訴することができる。下級官吏が，職務を怠り，収賄，又は過酷な刑罰を濫用した場合には，上訴人は，下級司法機関が事件を結審する前に上級機関に訴えることができる。この場合において，上訴人は上級司法機関に直接，当該事件の審理を請求するか，又は近隣の州県衙門に移送するように請求できる。州県衙門が当該事件を受理しなければ，上訴人は直接，上級司法部門に訴えを提起することができる。これは，必ずしも下級司法部門をなおざりにすることではない。また，上訴人は自ら訴えを提起することができるだけでなく，上訴人の親戚，友達も提出できる。事実上，上訴人が潔白であると信じる者であれば誰でも訴えを申し立てることができた。

3　非終局性と公正

　司法判決の非終局性は，実質的に規則と手続きの公正という理念に対する疑念を体現するものであり，人の公正な司法能力に対する不信感を反映している。エドワーズ教授が指摘したように，中国人は，真理が一元的で可知のものと考えるが，それでも彼らは既存の手続きや方法での真相を究明することに限定しない。エドワーズ教授は，「中国の統治者が，司法審査に法により制約を加えることを望まないのは，たとえ行政手続きや効率を妨げることがあっても，とにかく真の意味で公正の観念を実現すべきであるということの体現である」[13] と言う。したがって，時に中国人は，今生を超えて公正を求める。司法

---

13)　R. Randle Edwards, *Human Rights in Contemporary China*, Columbia University Press(1986) p.47.

手続きの非終局性は，事実，公正を求めるために無限に法廷地を提供することであった。中国の芝居及び伝説には，公正を求めて神と鬼霊の世界にまで行くものがある[14]。これらの審判物語は，公正は今生だけではなく，来世の天国及び鬼霊の冥界でも求めることができることを述べている。どこでも，重大な冤罪があれば，公正が最終的には成し遂げられなければならない。

　多くの歴史書と伝説にも同じ物語がある。冤罪に貶められた者が，今生で冤罪をすすぐことができないときに選ぶ最後の道は，「私の棺に百枚黄色の上表と筆と墨を入れてください。あの世で再訴します」[15] というものである。中国の文学作品には多くの冤魂復讐物語があり，最も有名なのは顔之推（531–591年？）が編纂した『冤魂志』である。顔之推は，6世紀の大学者であり，儒家思想を著した『顔氏家訓』でも有名である。彼の『冤魂志』は，4世紀から6世紀までの冤魂復讐に関する物語を集めたものである。無罪の被害者が冥界で公正を得て，超自然的に現生で復讐を果たすという物語である。

　庶民だけでなく，官吏も冥界に公正があると思っていた。1975年に，生前，律法を司る官吏の墓から出土した副葬品に雲夢秦簡がある。ここには死後の冥界でも律法を司ることが記されていた[16]。

　城隍廟（訳注：鎮守の社）の裁判は，公正が冥界にまで続くことを表している。城隍爺（訳注：その地を鎮める神で，また，その社を鎮める神）の存在は，古代の生霊を崇め，万物に生命があることを認めるものである。「城」と「隍」は，もともとは高い塀と堀を示していた。その後，城隍は，城の守護神にな

14)　Ching-His Perng, *Double Jeopardy: A Critique of Seven Yuan Courtroom Dramas*, Ann Arbor: The University of Michigan, 1978; George A. Hayden, *Crime and Punishment in Medieval Chinese Drama: Three Judge Pao Plays*, Cambridge: Harvard University Press, 1978.

15)　顔之推『怨霊志』英語版，Tales of Vengeful Souls，（Alvin Cohen 訳）利瑪竇研究所第 87 頁（1982）。

16)　A.F.P. Hulsewe, Remnants of Ch' in Law An annotated Translation of the Ch' in Legal and Administrative Rules of the 3rd Century B.C. Discovered in Yun-meng Prefecture, Hu-pei Province in 1975. Brill. Leiden. 1985.

り，城内の庶民たちを外敵の侵犯から守るものになったと伝えられている。守護神は，次第に公正を司り始めた。城隍爺も中国の歴史上の超自然力の宿命から逃れられず，それは，予測不可能性かつ権威を持つが，皇帝の公僕にすぎない存在であった。三国時代に孫権は安徽省の蕪湖市で最初の都市の守護神を建立したと言われている。唐宋時代には，ほとんど各都市に城隍庙が皇帝によって天賜された[17]。

1368 年，元の大都（現在の北京）で謀殺事件が起こった。裁判官は，度々被疑者を審問したが，主犯が見付からなかった。ある夜，城隍庙で審判を行い，城隍爺の協力を得て被疑者に罪を認めさせた。地元の人々はとりわけこの事件を重視し，これを城隍庙の石碑に刻んだ[18]。

清代には，新任の役人たちは城隍爺の前で敬虔に就任の宣誓をした。役人は城隍爺と良い関係を構築し，統治する啓示をもらうため城隍庙で一晩泊まることになっていた[19]。

4　社会的枠組みと非終局性

社会学の観点からは，中国の司法における非終局性は，過去二千年の中国の社会的構造を反映しているものであると言える。ユダヤ人は，エホバが創造した信念と制度によって精神性を養うことを強調した。それが人間の本性の中で最も重要であるとするユダヤ人は，彼らの社会を構築してモーセに託した。教皇革命を経験した現代西洋人は，激烈なルネサンス，ロードの宗教改革，啓蒙運動やブルジョア革命を続け，最終的に理性――人間の本性の根本――を社会再建の根幹とした。逆に，中国人は，このような聖光に啓発されず[20]，魂も徹

---

17)　陳鵬生他『中国古代法律 300 題』上海古書出版社（1991）707-710 頁。

18)　同上。

19)　同上。

20)　Max Weber, *The Religion of China*, translated by Hans H. Gerth, New York: The Free Press（1951）p.142.

底的に教化されず，功利的理性をさして尊重することはなく，常に心性の善
——人間の本性の中等位——と社会の調和を追求している。

　精神性を養うことは，宗教至上で，法は単なる命令に過ぎず，道徳は神の教
えに従うものであるといった一種の宗教的な社会構造をもたらす。理性に頼っ
てもたらされる法的社会構造は，法至上であり，宗教は遺産となり，道徳は権
利や規則及び私有財産などの法的価値を取り巻くものであるとする。心性の善
の追求は，道徳的社会（礼儀をもって社会を治める）構造を産む。すなわち，道
徳は，民衆の交流を直接的に決定し，法はただ単に懲戒のための手段として存
在し，宗教は社会の隅に押しやられ，迷信となった。

　宗教的社会は宗教儀式を特徴とし，法社会は規則と手続きに依拠する。道徳
的社会では，儀式と規則・手続きが主要な位置を占めることはなく，それ故
に，道徳的社会である中国では，両者は重要とは認められない。中国司法の非
終局性は，ちょうどこのような社会構造の特徴を反映したものである。

　道徳は，担体から離脱して存在することはできず，道徳は，民衆の行動と言
説の中でその機能が最も良く発揮されている。したがって，道徳的な社会は道
徳の手本を見付けることに耽ってきた。法制度について言えば，民衆は合理的
な法手続きよりも，公正で高尚な裁判官に期待した。伝説の中での裁判官の始
祖である皋陶から，裁判官になったことのある孔子，及び宋代に非常に敬愛さ
れた包丞に至るまで，中国人は正義を「青天大人」である裁判官に託し，手続
きの公正さということに関しては，いかなるものでも熱意を持つことはなかっ
た。

5　裁判官中心主義

(1)　「青天大人」裁判官

　「青天大人」裁判官は，審理に際して具体的な規則に厳しく縛られない。彼
らは，儒家の伝統的教育を受け，儒家の経典の教導による責任を果たし，皇帝
に忠誠を尽くす。彼らは，律法に精通していなければならなかった。漢及び唐

宋代の律法の試験は，科挙の一部であり，判決書を書く能力があることも選官の4大基準の1つであった[21]。これら裁判官は，司法手続きに関心はないが，裁判をしている時には一定の原則に従っていた。すなわち，古めかしい道徳原理に縛られ，支配者と被支配者のいずれも道徳を遵守することであった。彼らは，自ら事件を調査し，微細な違いを分析することができる。それでも，裁判官が最も理想とするのは法の支配ではなく礼治であった。

　彼らは，独立の法手段を持たず，法ではなく倫理に基づいて推論した。判決に際しては，裁判官はただ明文化された条文によるだけではなく，様々な要素を考慮しなければならなかった。例えば，伝統的な道徳基準，事件に関わる当事者の利益，さらには自然環境の要素まで考えなければならない。彼らの判決は，実用的な推論と言える。このようなやり方は，裁判官により多くの自由裁量権を与える。裁判官は，審理に際して自らの知恵，学識，経験，及びその他の実質的な要素によるのであって，形式と手続規則によるのではなかった。だからこそ，中国古代の裁判は，常にソロモン又はカーディの裁判と呼ばれた[22]。

　中国古代の法文化は，裁判官が仔細に査証し，かつ全ての可能性がある方法を使って正確に判決を下すように促していた。優れた裁判官は，決して厳格に法を運用し，又は手続きのとおりにすることではなく，充分に智謀を巡らし，真犯人を探して，冤罪を糾すことであった。裁判官の知謀と想像力をもって紛争を解決する。唐代に，母親が自分の息子を訴えた事件があった。律法によると，親不孝者は死刑又は終身刑に処せられた。被告人は，この母親のひとり息子であった。息子に終身刑を科せば，母親の面倒を見る者がいなくなり，これは人間の本性に反することである。一方で，母親の訴えを無視したら，法に適わない。最終的に，裁判官は，この息子に終身刑を下したが，自分の家で監禁することとし，母親の面倒を見させることとした[23]。鄭克の『折獄亀鑑』に収

---

21)　陳鵬生他『中国古代法律300題』上海古書出版社（1991），700-703，705-707頁。

22)　Max Weber, *The Religion of China*, translated by Hans H. Gerth, New York: The Free Press, 1951, pp.102, 149.

23)　『明公書判清明集』第10巻，中華書局（1987）。

録された 2 つの事件は,さらにこの推論を反映したものである[24]。

　西漢の時代にある事件があった。ある金持ちに親不孝の娘と若年の息子がいた。金持ちは,臨終に際して遺言ですべての財産を娘に譲り,ただ一振りの剣を幼い息子に贈与すると遺言した。このとき息子はまだ幼く剣を使えないので,娘が代わりに保管し,息子が 15 歳になったら渡すように託した。息子が 15 歳になった時に,姉にその剣を渡すように求めたが,姉に断られた。そこで,息子は郡の行政長官何武に訴えた。何武は,遺言書を読み,調査をしてこう言った。

　　「娘は業突く張りで,婿は貪欲である。彼らが息子を害することを恐れて,
　　又息子がこの財産を全て手にすることができなくなることを恐れて,娘と
　　婿に遺産を相続させるという決断をした。実は彼らにこの財物を保管して
　　欲しいのであった。息子は,15 歳になり,智力は自立した。それでも娘
　　と婿が剣を返さなかった。息子は州県に訴え,又は検証し,正義を求める
　　ことができる。故人はかくも深謀遠慮を巡らしたのだ。」[25]

　それ故に,家産と剣は,息子のものになった。

　宋代にも似たような事件があった。死に臨む父が,3 分の 1 の家産を息子に譲り,残りを娘に残し,娘婿に家産の管理を任せることにした。息子が成人した時に,訴えがなされた。裁判官張詠は,婿に「汝の岳父は本当に賢い。自分の死後,息子がまだ幼いときに家産を汝に管理させたのは,そうしないと,息子が害されるに違いなかったからである」と述べ[26],そこで裁判官は,財産の 3 分の 1 を娘婿に譲り,残りを息子に返すよう判決を下した。

　この 2 つの事件は,鄭克によって編纂された『折獄亀鑑』に収録されている。鄭克は,この 2 つの事件について,「何武が厳格な判決を下したのは,婿

24)　梁治平『法意与人情』海天出版社 (1992),149-154 頁。
25)　同上第 150 頁。
26)　同上。

が息子の剣に関する約束を破ったからである。張詠の明断は，婿に息子の財産に関する約束をきちんと守らせたものである。小異はあるが大同であろう。ともに厳粛で人情味もある政である」[27]と評している。

　この2つの事件は，裁判官が遺言状の字面の意味に即して処理するのではなく，人情味のある解釈，すなわち実用的な推論によって結論を出したものである。裁判官にとって最も大切なことは，字面の意味で遺言を執行するのではなく，弱者のために正義をなすことである。法が裁判官の正義を阻もうとするならば，裁判官は柔軟に判決を下していいのである。

⑵　理想の裁判官ヘラクレス

　ドゥオーキンが書いた理想の裁判官ヘラクレスと包丞のような「青天大人」裁判官を比較すると非常に面白いだろうが，ドゥオーキンはこのような対比を考えることはなかっただろう。

　自由主義法制度の主な擁護者としてのドゥオーキンは，次の2点を述べる。すなわち，法の自主性を損なわない自由理念を前提として，実証主義の束縛から脱することと，法そのものを否定しない前提で現実主義者の不確定性を受け入れることである。ドゥオーキンの努力は，この2つの面で良い効果をもたらしている。彼は，彼の理想とする裁判官ヘラクレスに似ている。ヘラクレスは，自分の公正を実現するために1人で戦い，ドゥオーキンは，自由主義法制度の擁護を通じて自分の法理論を展開した[28]。もちろん，彼らは実用主義者である。

　法律実証主義の伝統から離れるために，ドゥオーキンは繰り返してロスコー・パウンドに「法は，規則だけではなく，原則や政策のような非規則基準も

---

27)　同前。

28)　ドゥオーキンの法理論，R.M.Dworkin, *Taking Rights Seriously*, (Cambridge: Harvard University Press, 1977), *A Matter of Principle* (Cambridge: Harvard University Press, 1985), *Law's Empire* (Cambridge: Harvard University Press, 1986).

ある」という仮説を示していた。ドゥオーキンは, 裁判官は適用できる規則が
ないか, 又は規則が曖昧であるときでも, ほとんど自由裁量権を持っていない
と言う。ところが, 原理と政策のような非規則基準に縛られる。原理と個人の
権利は相関し, 政策とコミュニティーの目標は相関する。原理と政策が衝突し
た場合, 裁判官はそのうちの1つの選択をしなければならない。一般的には,
裁判官は個人の権利を支持する[29]。

　「非規則基準」という概念は, 非常に大切である。第1に, それは法の無限
性を認め, 法の不確定性を受け入れるが, その限界も定めているからである。
第2に, 新たな角度から法と道徳の複雑な関係について述べるものであるから
である。第3に, それは法の伝統の遵守と法の変遷の間の複雑な関係を明らか
にしようとするものだからである。ドゥオーキンの法理論は, 法には規則と非
規則基準があり, 内部から法の変遷に正当な解釈を与えることができるもので
あるドゥオーキンは, 規則は不変であるが, 原理は変化すると考える。

　それでは,「非規則基準」の源はどこにあるのか。それは, 確定的であるの
か否か。ドゥオーキンは, これは原則及び政策ひいては法理論, 政治道徳, 文
化及び集団社会の理想の産物であると言う。この各要素間には衝突があり, さ
らには各要素自身に矛盾があるが, これは重要なことではない。重要なこと
は, 各種の衝突の価値の中から具体的な問題を解決するための解答を得ること
であり, この解答の最も優れたものは, 個人の権利を保護し, かつすべての法
伝統に適応するものである。従って, 必ずヘラクレスのような裁判官が任命さ
れるのである[30]。

　ヘラクレスのような裁判官は難題に直面するときに, 歴史, 道徳伝統及び社
会の法原則によって裁判をする。ヘラクレスは, 法文化と社会的な道徳は一致
すると信じ, 彼の責務は, この共通性を見つけて, 誤った先例を破棄して, 正
しい判決を下すことにあると考える。ヘラクレスは, 衝突している法原則と

---

29)　R.M. Dworkin, "Hard Cases"(1975) 88 Harvard Law Review 1057(reprinted in
　　　Dworkin), Taking Rights Seriously, (Harvard, 1977) Chap.4.
30)　同上。

政治道徳に基づいて，いかにして難事件を解決するために適当な方法を選ぶかを知っている。彼は，自由裁量権を持つが，いかなる制約もないわけではない。彼は，先例を尊重する義務があり，法理論，政治道徳，文化及び集団社会の理想といった非規則基準を受け入れなければならないという制約がある[31]。

　「青天大人」裁判官とヘラクレスのような裁判官には，明らかに共通性がある。両者とも大きな自由裁量権を持つが，道徳，伝統，文化などの広範な配慮をしなければならないという制約を課されていることである。両者は，ただ既存の法規則に従うのみでなく，難事件で正しい解答を探ることに尽力しなければならない。両者は，柔軟で実用的，かつ究極の正義を求める。しかし，我々は両者の類似性に着目することで，根本的な違いを見落としてはならない。ヘラクレスは，独立，専業の裁判官であり，高度で複雑な法環境の下で働いており，その一方で「青天大人」裁判官は，多くのその他の職務があり，ヘラクレスのように公正と法を尊重することが阻まれることがあることである。

---

31)　同前。

第 15 章

地方法制の意義[*]

　地方法制は，1つの概念であるが，その意味は必ずしも確定していない。各状況下で異なる意味を持つ。例えば，米国での地方法制と中国での地方法制は，随分と異なる。米国は連邦制のために，連邦法，州法，地方政府の法といった異なる法律がある。連邦法は，すべての米国人に適用される。州と地方政府の法は，特定の州，連邦特別区，郡，市，町，村の住民，又は当該地区の労働者に適用される。移民法，破産法，社会保障法，連邦反差別法，公民権法，特許・著作権法，及び税務詐欺や通貨偽造禁止などを規定する連邦刑法などは，いずれも連邦法に属し，全米に適用されている。

　米国には50の州と幾つかの属領がある。各州には独自の法律と裁判体系があり，管轄内の刑事問題，離婚や家事，福利，公的援助又は医療保険関係事務，遺言，遺産，不動産その他財産，取引契約，傷害（例えば交通事故や医療事故），労働災害補償などを処理する。各州には郡，市，町，村があり，これらも独自の法律と裁判所を有し，賃貸，区画計画，治安など事務を処理する。

　米国の方法制を検討することには意味がある。なぜかというと，州法と連邦法の間には明確な分業があるが，これが一致せず，歩調が合わないことがあるからである。連邦の規定によると，州は必ずしも連邦に準拠する必要はなく，州に規定がある場合には，連邦はそれに反対することが困難である。例えば，今話題の「ビッグデータ」について米国連邦はまだ定義をしていないが，幾つ

---

　[*]　初出は，「地方法制的意義」地方法治研究（2018）。

かの州は独自の規定を定めている。ニューヨーク市が2012年に制定した「デ
ータ公開法」(Open Data Law) は，データとは何かについて明確に規定してい
る[1]。欧州連合（EU）の「一般データ保護規則」に類似するが，現時点におけ
る米国の個人のプライバシー保護について最も有力な「カリフォルニア州消費
者プライバシー法」が規定する保護内容は，連邦政府の想定する範囲を遥かに
超えている[2]。同法は，個人のプライバシー権の保護について包括的に規定を
している。同法は，カリフォルニア人は，自分のいかなる情報が収集され，個
人情報が誰により，誰に開示又は売買されているかを知る権利を有し，個人情
報の売買を拒否する権利があり，個人情報を知れる権利を持つことと規定して
いる。プライバシー権を行使すると同時に，すべてのカリフォルニア人は，平
等なサービスと平等の価格を享受している権利を有する。

　この規定は，明らかにEUの「一般データ保護規則」に啓発されたものであ
るが，米国連邦政府は，これに対して明確な態度を示しておらず，そうである
から広範かつ厳格な保護は講じられていない。

　中国の状況はどうか。中国が行っているのは中央集権制であり，国が民生の
重要な決定の一切を担っており，これは法制度の整備についても例外ではな
く，地方政府は執行機関にすぎず，大きな自主権はない。そうであれば，中国
の現行体制下で地方法制を検討する意味があるのか。これは深慮すべき問題で
ある。なぜならば，それは地方法制そのものの位置付けだけではなく，中央と
地方の政治理論の根幹にも関わるもので，地方政府のエネルギーを解き放ち，
地方の創造力を高めることにも関わるからである。ここには考慮すべき問題が
多くある。

---

1)　2012年2月29日にニューヨーク市議会は投票によりこの法律を採択し，2012年
　5月7日に公布した。
2)　California Consumer Privacy Act of 2018, Assembly Bill No.375, CHAPTER
　55, An act to add Title 1.81.5 (commencing with Section 1798. 100) to Part 4 of
　Division 3 of the Civil Code, relating to privacy. (Approved by Governor on June
　28, 2018. Filed with Secretary of State, June 28, 2018).

　地方法制の概念は，単に地方の実情に応じ，国家法の要請を貫徹実行し，地元の事件を処理するために既定の枠組みの中で地方に適用される規則を定めることとすれば，このような意味で地方法制を検討することにはあまり意味がない。現行体制でいかに地方法制を検討すれば意味があることになるのだろうか。

　決して疎かにできないことは地方の自治権である。現在までに中国は，地方法規約9,000件，自治条例及び単行条例約700件を制定している[3]。これは地方が多少の自主権を持っていることを示すものである。勿論，制定された地方法規がどこまで自主的に定められたのかについては確認すべき必要がある。地方政府が単に巨大な国家機構の部品にすぎないとすれば，すべてはリヴァイアサンの支配と制約を受け，地方政府は中央の首肯がなければなす術はなく，自らが生産，製造，刷新する力を得ようとしても様々な困難にぶつかるだけである。それでも客観的でしばしば隠されている事実の1つに，中央の地方への依存は，地方の中央への依存よりも遥かに大きいということがある。中央がまず法案を制定するが，地方に比べて事情を把握していないこともあり，そうであると迅速に対処できない場合もある。地方政府は，中央より地元の事情とニーズをよく知っているが故に，地方の難題に対して下す解決策は，中央の法案よりも適切であり，実用性があると考えられる。実は，中央と地方の関係には諸刃の剣が潜んでいる。中央が大権を統轄するとき，地方の重荷を負わざるを得ないからである。理想的には，中央は，全ての決定を抱え込むより，むしろ地方に権限を委譲することである。地方自主権を拡大する必要性は言うまでもない。

　具体的な法律問題に落とし込む上で，地方には相対的な自主性が必要である。中央の精神との一致を前提に，手続き，技術，及び規則の面である程度の自主性を保持すべきである。ラテン語のautonomosの語源は，自己（auto）と

---

3)　李飛「立法法与全国人民代表大会常務委員会立法工作」中国人大網，2008年6月29日。

規範（norm）であり，自ら規範を制定するという意味である。立法面で地方は，全国的立法が成立するのを待ってから詳細な実施規則を制定しなければならないということはなく，地方の社会，経済，文化の発展の必要性から自主的に規則を制定することがあってもいいのではないか。例えば，ますます重要になっている人工知能の開発の必要性に対して，全国で適用される法が制定される前に，地方は独自の規則を制定する権利を有するべきである。司法面において，いかなる体制であれ，具体的な事件を審理するのは地方の責務である。連邦制でも集権制でも，地方の事件は地方のみが処理すべきである。承認されるか否かにかかわらず，司法の自主権が司法の質を決めるのである。

　地方は，自主権を持つからといって，中央から完全に脱却して自由に行えるわけではなく，地方の自主性を最大限に引き出すことを強調することで，地方の能力を最大限に発揮させるのである。地方に真摯に向き合う必要があるというのは，地方には結束力，地域分業の特徴，個人生活との直接関連性，及び直接的な問責体系があるからである。

　結束力（cohesion）の基本的な意味は，人又は事物を1つにまとめる能力のことである。これは，もともと科学用語として使われていた言葉であるが，最近では社会現象を表すときにも使われている。信用格付け機関ムーディーズ（Moody's）のアナリストは，政治的結束力をソブリン債格付けに取り入れている。EUが推進してきた結束政策は，加盟国及び地域を支援することを旨とし，生産力の向上，企業の競争力を促進し，イノベーションによる成長を刺激し，新技術や創業，就業機会を促進し，持続可能な発展を遂げることである。日増しに大きくなっている地域間格差に対応するため，EUの結束政策は，未来志向で，優先的発展分野を確定し，あらゆる積極性を引き出し，専業化・優先化の背景の下で，動的な戦略を採用し，その任務を各加盟国に実行させようとするものである[4]。

---

4)　http://ec.europa.eu/regional_policy/sources/docgener/informat/basic/basic_2014_en.pdf.

　社会の結束力が最も強く示されるのは地方においてである。社会の結束力を構成する要素は多くあるが，主に人々の一定の空間における共通の経済状況，社会秩序，文化のアイデンティティー，コミュニケーション，日常生活で育まれた友情などがある。これは，具体的な地方の生活でしか得られないものである。具体的な問題から離れた結束力は，ただ宗教や偶発的な要素（例えば，外敵の侵略）によって得られるにすぎない。

　地方には，自然環境，人文精神，風俗習慣，鉱物資源，物産などの面でそれぞれ特徴がある。文字の統一と文化伝統の影響を受け，中国各地の文化には共通点が多いが，各地の特徴もある。地方が自主性を持つようになると，各地の発明創造，生活方式は百花斉放となる。伝統演劇がその好例である。京劇以外にも，秦腔，豫劇，越劇，潮劇，黄梅劇など無数の地方演劇がある。経済発展と地方の特徴が結びついて独特の地方経済が生み出されたことは，すでに実証されている。今日の科学技術の発展の流れの中では，分業することが賢明である。全ての地方が自動運転車の開発に適しているわけではなく，全ての業界が音声認識技術やビッグデータ，ブロックチェーンなどを持つ必要はない。各地方がネット裁判所を持つとすれば，人民の負担になるだけであろう。

　天は高く，中央は遠い。地方には中央の行政力が及ばないというのは，地方こそが個人の生活と直接に関係しているからである。生命にとって必須のものは，例えば住宅，就業，教育，収入，健康などは，地方と密接な関係がある。人々が恐怖と不安な環境から逃れ，安定・安全な暮らしをできるか否か，様々な社会のネットワークに入り，他人の信頼や支持を得られるか否かは，いずれも地方に求められるものである。まず，法の遵守を地方で定着させなければならない。地方を離れた法の支配は空論である。そうでなければ，民衆の法意識を高めることはできない。

　さらに重要な点は，問責が一般に地方で行われていることである。経済や社会に関する問題は，誰も首相に責任を取ってもらおうとは思わず，地方の役人が問責されることになる。問責の原因は，共同義務，公民責任，道徳的義務及び法律責任が具体的な場面で生じることにある。人々は，いつも集団生活をし

ている。集団への帰属意識は，他の構成員との繋がりである。集団の構成員
は，誰もが周囲の人々に期待され，同時に何らかの役割を担っている。相互の
期待は，相互利益と共同義務のような責任を生じさせる。また，別の問責形式
は，分業による公民責任である。共同義務は，集団においてのみ生じるもので
あるが，社会には異なる個人及び集団が必要であり，職業人と非職業人の広範
な協力が必要である。個人又は各階層の人々が他人と異なる役割を担い，毎日
の社会生活において行う仕事が公民責任であり，人々は，その仕事の性質，職
業及び専門知識により調整・分配されている。しかし，共同義務と公民責任
は，あらゆる社会的事物を網羅することは不可能である。例えば，果物屋の主
人は，すべての果物を供給すべきか。もちろんその必要はない。しかし，この
ことは，主人はいかなる責任もないということではなく，少なくとも有毒又は
汚染された果物を売ってはならないということがある。彼が，もしこれができ
なければ，違法行為に対する責任を負わなければならない。これはもう１つの
問責形式であり，すなわち法的責任と言われるものである。法律で明確に果物
屋の主人が汚染された果物を売買することを禁止していなくても，人の基本原
理に背くため，彼は道徳責任を負わなければならない。道徳責任は，もう１つ
の問責形式とみることができる。地方の政府官吏の行為は，上述の４つの問責
形式に関連する。共同義務は，他の同僚に対して責任を負うことである。公民
責任は，あらゆる業界の人に対して責任を負うことである。法的責任は，社会
の誰に対しても責任を負うことである。道徳責任は，自分自身及び他の人に責
任を負うことである。

第16章

地方の法の支配と補助的原則[*]

1　は じ め に

　法の支配及びその関連問題を扱った研究論文は，数えきれないほどある。自然法学，実証主義，自由主義，社会法学，現代主義，ポストモダニズムのそれぞれの法観念など困惑するほど多い。いずれの観点からもそれぞれの道理があるが，いずれの説も古くてかつ常に新しい命題にぶつかる。

　法の支配の観念は，最初はただの理想，すなわち，あらかじめ定められた法規が人の社会行為を規律，制約し，人の随意性を回避するというものであった。法は，人を平等に扱い，人も法に従う義務がある。統治者も一般人と同様である。いかなる者も，法を超えて自らの道を歩んではならない。この理想から出発して，法の支配は若干の原則を定めた，例えば，法至上の原則，法律の前では誰でも平等に扱われる，及び推定無罪や罪刑法定主義などである。法の支配の理想と原則は，法の支配の実現に可能性を提供してきたが，理想と原則で決して法の支配は実現できるわけではない。法の支配とその理想を具現化する制度と実践がなければ，この理想の原則が受け継がれるとは想像しがたい。故に，成熟した法の支配の体系には，常に専門的な立法機関，高度に独立した司法機関，真剣かつ責任ある法執行体系，及び訓練され素養のある法律家の存

　＊　初出は，公丕祥編『区域治理与法治発展』国際会議論文集。

在が欠かせない。

　しかし，帰着するところは，法の支配を行うか否か，法意識が強いか否か
は，具体例からみるしかない。法の支配は，具体的な場面，地方，問題及び事
件などの中に存在している。中央からすれば，法の支配は抽象的なものであ
る。地方からすれば，法の支配は具体的なものである。具体的な法の支配と
は，机上の法の支配ではなく，生きた法の支配を言う。理想的には，抽象的な
法の支配と具体的な法の支配が有機的に結合することである。中国の法の支配
は，中央から地方，地方から地方へ，抽象から具体化へという道を歩んでい
る。このことは，中国の特色と言えるかも知れない。

　本章は，地方が法の支配を確立する中で，十分に原則を補う役割を演じてい
ることを指摘する。要するに，社会で人々の生活に直接的に影響を及ぼす決定
は，原則として最も個人に近い単位で行われるべきであり，それがうまくいか
ないときに限って，大きな単位が協力をすることである。補助的原則は，上意
下達のような組織原則である。地方政府は，地方の問題を解決する責任を負
う。地方政府は，上級又は中央政府の支援を得たい場合に限って，上級政府又
は中央政府の関与を求めれば良い。すなわち，国家構造の下層ほど事実と問題
に近く，処理する優先権を有しており，逆に政府の階層が高ければ高いほど補
助的である。

　本章は補助的原則の概念を切り口として，それと政治，商業，及びインター
ネットにおける法の支配の確立について様々な関連性と重要性について指摘す
る。

2　補助的原則

　補助的原則の基本的な概念は，次のように要約できる。(1)個人は，社会の源
であり，同時に社会の目的であるので，優先される。(2)個人は，様々な社会関
係やコミュニティーを通じて自分を発展させることができる故に，社会関係や
コミュニティーは個人の発展に必要な条件を提供しなければならない。(3)同様

の道理に基づき，上位のコミュニティーは下位のコミュニティーに同様の条件を提供しなければならない。(4)各階層は，各人の責任感を提唱すべきである。(5)各階層及び各規模の能力配分について，補助的原則は調整機能を果たす (Maldonado, 1997: 75)。

　以上の点は，消極的な側面と積極的な側面という2つに分けることができる。消極的側面とは，補助的原則は公民個人又は小さな下位組織がある事項を担うことが適当である場合には，社会又は大きな上位組織は干渉すべきではなく，上位組織は指導，監督，督促，又は制約などの専門的職能に集中すれば良いということである。積極的側面とは，個人及び小さな下位組織がその事項を担うことが適当でない場合には，社会，国家及び大きな上位組織は公益の侵害を無視することはできず，積極的に協力し，必要なときには，自らが担当し，社会目標の実現を確保しなければならないということである[1]。

　近年来，補助の原則は，EUがEU法と加盟国の法の関係を処理する上での原則となっている。それは，EU及び加盟国又は他の主体間で最も適切な権限行使主体を選択するための手続的な保障を提供しようとするものである。1993年に発効した「マーストリヒト条約」は，EU法における補助的原則を規定した。1999年に発効した「アムステルダム条約」は，更にこの原則を明確化，具体化した。マーストリヒト条約は，「加盟国で採られた措置が十分に目的を達成できず，共同体が採用した措置が，範囲及び効果から，目的を実現できない状況においては，共同体が補助的原則に基づき措置を講じる」と規定している。

　中国法には，補助的原則を直接規定するものはないが，基本的精神が若干の法律に規定されている。例えば，2003年に公布された「行政許可法」第13条及び2004年に国務院が発布した「全面的に法による行政を推進する実施綱要」に類似の規定がある。すなわち，「市民，法人，又はその他の組織は，独自の決定を下すことができ，市場競争メカニズムを調整することができる。業界団

---

1)　畢洪海「補助性視角下的秩序観」人民法院報，2007年8月9日。劉幸・張迎涛「補助性原則与中国行政体制改革」行政法学研究，2006年第4期。

体又は仲介機関は自ら規則を定めることができる。行政機関は，別途法律が規定する場合を除いて，行政管理を通さずに処理することができる。」というものである[2]。

3　補助的原則と政治の法の支配

　政治制度に関して言えば，補助的原則は中央と地方の関係を指摘するにとどまらない。中央は地方を放任する態度を示し，地方への介入をできるだけ少なくし，同時に地方政府も同様の態度を示し，管轄区域内の各級地方政府，公民社会ひいては個人の事務に干渉しないようにすることが求められる。

　地方政府の大方針は，中央政府のそれと一致していなければならないが，具体的な事務においては，地方政府は広範な自主権を持つべきである。これは政治の原則ではなく実践の必要性から来るものである。自主権の概念は，哲学，政治学，生物学及び法学などの各分野で広く使われている。これらの分野で，自主権とは，理性的な個人が情報を十分に把握している状況下で，脅迫されず自主的決定をすることを言う。しかし同時に，自主権は，それぞれが担うべき相応の義務があるということも意味する。例えば，政治の面での自主権は，民族又は地域若しくは集団が自ら事務を管理している状態である。自主権は独立（independence）とは異なる。独立とは，いかなる背景や制約からも完全に脱却し，大きな枠組みの生活から脱した状態であるが，自主権は一定の枠組みの内部で自主決定する権利をいう。

　換言すれば，政治理論の観点からみれば，中央政府は地方政府の事務に干渉する権利がありながらも，一般的にはそうせず，地方政府が処理できない事務がある場合に関与する可能性を残すということである。ある地方を管理するという観点からすれば，地方政府の機能は，主に中央政府の機能を補助することである。中央が，香港・マカオの問題を処理する際に高度の自治を認めたこ

---

2)　同前。

とが，補助的原則であると言える。補助的原則として理解された高度の自治
は，一種の特殊な憲法原則であるが，普遍性を持ち，一国二制度を実施しない
地域，例えば，少数民族自治区及び地方政府所轄区に適用される。補助的原則
は，少なくとも政策の制定，制度設計及び実務面での指導性を提供するもの
で，各級政府が相互関係を処理する際の準則である。

4　補助的原則と商業における法の支配

　経済又は商業における法の支配とは，法の支配が経済分野や商業分野で体現
され，運用されることである。法の支配の核心は，法があり，法秩序又は法自
治があることである。この点について，西洋には契約の精神という重要な現象
がある。人と人が取引をするときには契約を交わさなければならず，契約は占
有，交換，用益などの権利を保障するものである。契約の精神と法の支配は，
密接に関係する。別の面からは，いわゆる経済における法の支配とは，規則性
経済ということであり，この規則は経済分野で運用されるものであるというこ
とである。規則性経済は，関係性経済に相対する。関係性経済には明確な手続
きがなく，明確な書面による取決め，売買行為が行われることがない。経済の
発展は，一切が事情により，人の感情の影響を受けるものである。

　このほかに，経済活動，商業活動には市場がなければならないが，市場があ
れば，そこには秩序がなければならない。市場秩序が法により規律され，市場
秩序を法により調節・管理することを経済における法の支配と言う。

　補助的原則は，政治における法の支配に適用されるだけではなく，経済と商
業における法の支配にも適用される。市場経済そのものの発展は，もともと補
助的原則に基づいている。市場経済の考えによれば，国家は副次的かつ補助的
な役割を果たすだけで，市場がそれ自身の規律と需要に即して自主的に発展す
る。国家が頻繁に介入すると，かえって市場の発展が阻害される。いわゆる
「自由放任」とは，市場自身が自己管理することである。市場が国家に援助を
求めるときにだけ，国は役割を果たすことができ，経済発展に国家の機能は無

用である。資本主義が興隆するのは、どの国でも意図的に計画・デザインされたものではなく、商業貿易、生産交換、分配や再分配などという長期的な実践によりもたらされた結果である。国によっては、政府が計画を立て政策を立案し、確信を持って経済を発展させ、市場は政府に作られていそうにみえるが、これは偽りの姿である。政府が行ったことは、人々が経済活動に参加できるようにしたにすぎない。経済の発展、市場建設は、経済活動によりもたらされた結果である。政府の積極的参与がなければ、市場建設は、かえってより速くより良くなる。もちろん政府の経済発展における警察機能を否定するわけではない。

　市場に参加しているのは、主に無数の個人又は企業であり、彼らこそが経済発展の原動力である。経済活動を理解することは、市場参加者の能力や方法やニーズなどを理解することである。この理解の切り口には、小さな基本単位、異なる業種、部門、及び金融機関の働きがある。これが補助的原則の具体的な運用である。例えば、工場の年産量、自動車業界はいかにして発展するか、電子工業はいかに新製品を開発すべきであるかということは、工場、業界が決定するものであって、政府には判断できない。

　同様に、補助的原則の原理は、地方経済の発展にも応用できる。地方経済の発展において、中央政府はどのような作用をすべきか。積極的に主導するのか、それとも補助的に支援するのか。中央政府の完全な統制又は過度な介入は、地方の発展を窒息させるだけである。地方の自主性こそが地元の経済発展における根幹である。地方の発展が克服できない困難に突き当たったときに、国の介入が必要になる。地方の財政収支及び公共財の排出は、地方が完全に自主的に決めることである。中央は補助的な作用をする。これは、憲政制度で十分に体現されているモデルである。このことは、国家の発展権は主に地方の発展権に体現されることを意味する。発展権の主体は国家であるというより、むしろ地方である。もちろん発展権の主体はあくまでも最小単位、つまり個人の発展権である。

5　補助的原則とネットにおける法の支配

インターネットには，人の人生を再定義する働きがある。ネットの世界にも法と秩序があり，又はその秩序，自由や法がある。ネット世界の法と秩序は，現実世界の法と秩序と同じではない。両者にいかなる共通点と相違点があるのであろうか。ネットの世界で，我々の自由と権利は，一体どのように規制され，又はどのように規制されるべきかということは，ネットにおける法の支配という観点から解決しなければならない問題である。

具体的には，ネットの世界には一体どの程度の自由とプライバシーがあるのか。インターネットは1つの世界であり，この世界における人々の生活，交流，交換には秩序が必要である。しかし，この秩序は自然に，また人為的に形成されたものである。自然秩序は，技術者と科学者に関わることで，一般人は考えることはない。人為的秩序は，法秩序である。キケロは，正に自由のために法が必要だと明言した。自由が法により制約されることはないので，ネットの監督又はネットの規制は，絶対に必要なことであり，規制と監督がなければ，ネットの秩序を形成することはできない。

しかし，いかに監督をするのか，どの程度の監視が適切なのかについては，仔細に検討する必要がある。監督は必要であるが，監督や安定のために，大規模，広範囲に個人の自由を犠牲にすることがあってはならない。それでも，若干の自由を制限することは必要である。例えば，人は道具を使って善行をすることもあれば，悪事を働くこともある。ネット上の沢山の物事が早急に監督されるべきである。しかしながら，ネットを監督することは，非常に高い技術を必要とするので，特別な訓練を経て，豊富な知識，高い見識のある専門家が必要であり，随意に人を探してこの仕事を任せることがあってはならない。規制は適切に定められ，広く普通の公民の自由と権利を扼殺することなく，同時にネットの秩序を維持するような監督が合理的監督と言えよう。

ここでは，地方政府の役割について叙述した。合理的で有効な監督・管理が

地方の役割である。地方政府又は権能機関は，地元の状況について熟知しているので，監督の効力やコストの面でも上手く処理できる。地方政府による監督が功を奏さないか，又は困難である場合に，中央が措置を講じる。これも補助的原則の一種の体現である。実質的には，ネットの存在は，依然として個体及び最小単位であり，監督や行政措置が必要であるか否かは，具体的な状況によって決められる。上から下まで単一の措置を講じることは簡単で操作がしやすいが，そうすると失敗を恐れるあまり，何もしないことになり，結果として悪影響を及ぼすことになるだろう。

6 ま と め

補助的原則及びその地方の法の支配の建設における重要性について簡単に検討し，この原則の潜在力について指摘してきた。本章で言及した若干の問題，例えば，補助的原則と政治，商業及びネットにおける法の支配などについては，いずれも更に深い研究が待たれる。地方の法の支配の建設と補助的原則の関係は，まだ中国社会，政治及び法哲学の分野で注目される話題ではないが，本章における簡単な叙述でもある程度の意味はあると考える。

参 考 文 献

畢洪海「補助性視角下的秩序観」人民法院報，2007 年 8 月 9 日。

Delors, Jacques. *Subsidiarity: The Challenge(Proceedings of the Jacques Delors Colloquia)*. Maastricht, The Netherlands: European Institute of Public Administration, 1991.

黄正柏「'補助性原理' 看欧州一体化与国家主権的関係」国際観察，2001 年第 2 期。

劉幸・張迎涛「補助性原則与中国行政体制改革」行政法学研究，2006 年第 4 期。

Maldonado, Carlos Eduardo. *Human Rights, Solidarity and Subsidiarity: Essays toward a Social Ontology*. Washington: The Council for Research in Values and Philosophy, 1997.

編訳者あとがき

　中国では 1999 年に憲法の一部改正が行われた際に「法によって国を治め（依法治国），社会主義法治国家を建設する」という文言が追加された。ここで「依法治国」とは何かが問題となる。

　中国には 2 つの法治がある。その 2 つとは，(1)「依法治国」と(2)「以法治国」である。

　「依法治国」は，実質的法治主義であり，「法の支配」を意味する。西側諸国では，法治主義とは，「人民が，法により国家権力を治める」ことであり，これが「法の支配」である。一方，「以法治国」は，形式的法治主義であり，「法治国家」を意味する。形式的法治主義によれば，法治とは，中国共産党が，法により中国全土を治めることと定義されることになりそうである。法は，中国共産党が国を治める上での手段にすぎないと解される。

　このような解釈がなされているところ，中国共産党は，2014 年 10 月に開催した第 18 期中央委員会第 4 回全体会議において「依法治国の全面的推進の若干の重大問題に関する決定」を採択した。「依法治国」が同会議において初めて主要議題となったことは，注目に値する。市場経済における国家統治メカニズムには，民主と法の支配が求められる。

　上述したとおり，一般に「依法治国」は，実質的法の支配主義であり，「法の支配」を意味する。それでも，「法の支配」と「法治国家」の語は，必ずしも的確に使用されていないことがある。故原田鋼博士は，"政治の論理が，一面において「権力の論理」であるかぎり，……何人も支配されるよりは，支配することに本能的な関心を寄せる。"という[1]。今，世界において権威主義から集権主義へという転換が少なからず見られることは，このことの証左であると考える。

---

1)　原田鋼『政治の倫理』実業之日本社，1948 年，22 頁。

218

　少なからぬ数の中国の学者は，人治の色合いが濃い現代の中国にあって，人治よりも高度な又は優れた理想社会を強く渇望している。この理想社会は，西側諸国の理論では，法の支配（本書において中国語の原文は，「法治」と表記しているが，これは日本語の「法の支配」を意味する。本書の英文タイトルも Rule of Law となっているとおりである。）ということになるが，文化大革命期に大学で学び，卒業後にハーバード大学に留学し，博士の学位を取得した著者の於興中氏は，西側の法理学を学び，西側諸国では「法の支配」を人類社会の最も理想とする状態と考えているが，これは永遠の仮説であると言う。

　例えば，米国の繁栄は，真に法の支配によるものであろうかと疑問を呈する。米国の各種法制度には欠陥があり，人種間の不平等，社会の分断などがあることは，人々が認識している弊害であると言う。著者は，米国社会の暴力的傾向及び冷淡な人間関係について触れずとも，資本主義制度下の社会の分断及び階層間の不平等，個人が高度に分化した社会分野で社会的地位を高めることの辛苦，司法上の人種問題及び奴隷的企業文化などについてみれば，米国社会は理想的社会からは程遠いことは明らかであろうと言う。ブランコ・ミラノビッチ氏（ニューヨーク市立大学客員教授）は，第1次グローバル化で，欧州先進国は飛躍的に豊かになったが，一方には飛躍的な技術の進歩，他方には搾取があり，一方には恩恵にあずかった多くの人々の所得拡大，他方には恩恵にあずかれなかった人々の悲惨な貧困や社会からの排除があるという指摘をしている[2]。この点を鑑みれば，著者の指摘は的外れではないだろう。

　著者は，我々は，法の支配は国家の魂，自由の使者，又は正義の化身と信じているが，法の支配はある種の理想又は一種のイデオロギーであるということを無視すべきではないと言う。著者は，本書で今なお広範な関心を呼び起こしてはいない側面，すなわち強力な文化（強勢文化），二元認識論及び法の支配の関係について検討し，法の支配の弊害を指摘し，もって心ある学者と法律改革論者の参考に供したいと言う。

---

2) 「グローバル化の功罪（上）激変期」（日本経済新聞 2019 年 4 月 24 日）。

　本書の基本的な観点は，法の支配には依然として否定しがたい優位性がある
が，最も理想的もしくは唯一の選択肢ではないということにある。いわゆる人
治・徳治社会から「法の支配」社会へと向かうことは，必ずしも遠い道のりで
はなく，一元的社会からもう1つの理想とは甚だ遠い一元的社会に向かうだけ
である。著者は，強勢文化と二元認識論の制約により，この簡単な事実は人々
に認識されにくくなっていると指摘する。

　著者は，転換期の中国には，さらに広範かつ深刻な理論の探究が必要であ
り，より理想的な社会を追求する必要があり，単に法の支配を狂信し，社会生
活の多様性及び人の多様性並びに相応の社会制度といった多様な可能性を等閑
にすべきではないという主張を展開する。理想的な文明社会を形成するには，
「法の支配」だけでは十分とは言えないという指摘であり，西側諸国の法の支
配の原理に対して，中国の法治国家の原理の正統性を主張するようである。

　本書を通じて，於興中氏の法の支配に対する若干の疑問や欠陥の指摘，中国
における法の支配によらない理想社会の形成に関する基軸となるものの考えか
たを知ることは，現在の中国指導者の思考形態を理解する上でも有用であると
考える。また，権威主義が台頭し，民主国家が後退する中で，法学者には，比
較の第三項の材料の提供がなされている。西側諸国においても法の支配を励行
するための法制度改革を考える上での参考にもなるものと考える。

　なお，原著書は4部からなり第3部に「法解釈と法の推論」に関する論文が
掲載されているが，これは中国固有の問題について必ずしも特段の叙述がなさ
れているものではないので，この訳書においては紙幅の都合もあり省略するこ
ととした。

　また，原著書は，著者が中国国内において各種の法学専門誌に執筆したもの
を系統的にまとめたものであるが，論文スタイルなどについての統一は図られ
ておらず，著者自身の発表論文の具体的な記載をはじめ，引用論文についても
不正確な記述箇所が多々見られるが，これを訳者が加筆修正することも憚られ
るので，ほぼ原文のとおりにしておいた。

　この翻訳書の出版に際しては，日本比較法研究所事務室の室長・関口夏絵氏

と茂木恭子氏，及び中央大学出版部の髙橋和子氏に非常に多くの労をおかけした。ここに深謝する次第である。

　2022 年 11 月

梶 田 幸 雄

柴　裕　紅

著 者 紹 介

於 興中（オ・コウチュウ）

　法学博士，コーネル大学法学部 AnthonyW. and LuluC. Wang 中国法招聘教授，杭州師範大学沈鈞儒法学部特任教授，ハーバード大学障害者プロジェクト兼任研究員。オーストラリア国立大学思想史研究所高級訪問学者（1985 年 5 月～ 1986 年 9 月），米コロンビア大学訪問学者（1987 年 12 月～ 1990 年 8 月），米ハーバード大学法学修士（1991 年 6 月），同法学博士（1995 年 6 月）。1995 年 11 月から 1998 年 2 月までベーカー＆マッキンジー法律事務所勤務。1998 年 3 月から 6 月まで北京大学訪問教授，1998 年 8 月までハーバード大学法学部東アジア法律研究所高級研究員，講師。2000 年に香港中文大学政治・行政学部招聘，2006 年にハーバード大学法学部訪問准教授。2007 年に香港中文大学法学部中国法プロジェクト主任，副院長。2012 年にコーネル大学法学部講席教授。主な研究分野はデジタル経済と法，知能科学技術と法，法と社会理論，比較法哲学，法律文化などである。

〈主要著書〉『法理学検読』『法理学前沿』など。

訳 者 紹 介

烏蘭格日楽（オランゲレル）
京都女子大学法学部教授。2006 年神戸大学大学院法学研究科博士課程後期課程修了。博士（法学）。
〈主要著作〉
香川孝三編著『アジア労働法入門』（第 13 章「中国」を執筆，晃洋書房，2022 年 3 月），「中国における女性の就労と妊娠・出産に関する法制」（京女法学第 20 号，2021 年），「中国労働法における『同一労働同一賃金』原則に関する基礎考察」（季刊労働法 257 号，2017 年），「中国法における解雇の金銭解決―経済補償金について」（季刊労働法 252 号，2016 年）

金 海英（キン・カイエイ）
2010 年神戸大学大学院法学研究科博士課程後期課程国際私法専攻修了。博士（法学）。IPA 国際公認漢語（中国語）教師。厚生労働省認定外国人患者受入れ医療コーディネーター，国際医療福祉大学三田病院国際室勤務（医療通訳者兼医療コーディネーター）。
〈主要著作〉
「国際労働契約に関する諸問題」（六甲台論集 54 巻 3 号，2008 年），「日本における中国人・韓国人夫婦の協議離婚について ―国際私法の視点から」（神戸法学雑誌第 60 巻 2 号，2010 年），「中国の協議離婚制度 ―国際私法的視点から」（神戸法学年報第 26 号，2010 年）

方 芳（ホウ・ホウ）
2020 年神戸大学大学院法学研究科博士課程後期課程商法専攻修了。博士（法学）。神戸大学大学院法学研究科研究員（2020 年～ 2021 年）。2022 年 4 月現在京都市立芸術大学大学院音楽研究科日本伝統音楽研究専攻研究留学生在籍。
〈主要著作〉
「株式所有構造が社外取締役の機能に与える影響」（2016 年，修士論文），「事実上の非公開会社における支配株主による不公正行為の救済 ―中国とイギリスの比較法研究」（2020 年，博士論文）

編訳者紹介

梶 田 幸 雄（カジタ・ユキオ）

2003 年中央大学大学院法学研究科博士課程後期課程国際企業関係法専攻修了。現在，中央大学法学部教授，日本比較法研究所所員，博士（法学）。

〈主要著作〉

『中国ビジネスのリーガルリスク』（日本評論社，2007 年），『中国国際商事仲裁の実務』（中央経済社，2004 年），「域外適用的経済制裁と国際取引契約における制裁条項の効力」（法学新報第 128 巻第 11・12 号，2022 年），「腐敗問題が関わる国際投資仲裁の受理要件」（比較法雑誌第 55 巻第 1 号，2021 年）

柴 裕紅（サイ・ユウコウ）

2014 年神戸大学大学院法学研究科博士課程後期課程国際私法専攻修了。神戸大学大学院法学研究科研究員（2014 年〜2015 年）。現在，中国蘭州大学法学部准教授，博士（法学）。

〈主要著作〉

「中国における Med-Arb の展開」（国際商取引学会年報 16 号，2014 年），「中国国際商事仲裁に関する最新動向」JCA ジャーナル 686 号（2014 年），「中国における国際商事仲裁機関の展望」神戸法学雑誌 64（3/4）（2015 年），［日］本間靖規ほか著『国際民事訴訟法』（翻訳，商務印書館，2020 年）

法の支配と文明秩序
中国人学者の視点から

日本比較法研究所翻訳叢書（86）

2022 年 11 月 25 日　初版第 1 刷発行

編訳者　梶　田　幸　雄
　　　　柴　　裕　紅

発行者　松　本　雄一郎

発行所　中 央 大 学 出 版 部

〒192-0393
東 京 都 八 王 子 市 東 中 野 742-1
電話 042 (674) 2351　FAX 042 (674) 2354
https://up.r.chuo-u.ac.jp/up/

©2022　Yukio Kajita　　ISBN 978-4-8057-0387-8　　恵友印刷㈱

日本比較法研究所翻訳叢書

18	カペレッティ編 小島武司編訳	裁判・紛争処理の比較研究(下)	A 5 判 2860円
19	ドゥローブニク 他編 真田芳憲他訳	法 社 会 学 と 比 較 法	A 5 判 3300円
20	カペレッティ編 小島・谷口編訳	正義へのアクセスと福祉国家	A 5 判 4950円
21	P. アーレンス編 小島武司編訳	西 独 民 事 訴 訟 法 の 現 在	A 5 判 3190円
22	D. ヘーンリッヒ編 桑田三郎編訳	西ドイツ比較法学の諸問題	A 5 判 5280円
23	P. ギ レ ス 編 小島武司編訳	西 独 訴 訟 制 度 の 課 題	A 5 判 4620円
24	M. ア サ ド 真田芳憲訳	イスラームの国家と統治の原則	A 5 判 2136円
25	A. M. プラット 藤本・河合訳	児 童 救 済 運 動	A 5 判 2669円
26	M. ローゼンバーグ 小島・大村編訳	民 事 司 法 の 展 望	A 5 判 2456円
27	B. グロスフェルト 山内惟介訳	国 際 企 業 法 の 諸 相	A 5 判 4400円
28	H. U. エーリヒゼン 中西又三編訳	西ドイツにおける自治団体	A 5 判 (品切)
29	P. シュロッサー 小島武司編訳	国 際 民 事 訴 訟 の 法 理	A 5 判 (品切)
30	P. シュロッサー他 小島武司編訳	各国仲裁の法とプラクティス	A 5 判 1650円
31	P. シュロッサー 小島武司編訳	国 際 仲 裁 の 法 理	A 5 判 1540円
32	張 晋 藩 真田芳憲監修	中 国 法 制 史 (上)	A 5 判 (品切)
33	W. M. フライエンフェルス 田村五郎編訳	ド イ ツ 現 代 家 族 法	A 5 判 (品切)
34	K. F. クロイツァー 山内惟介監修	国 際 私 法 ・ 比 較 法 論 集	A 5 判 3850円
35	張 晋 藩 真田芳憲監修	中 国 法 制 史 (下)	A 5 判 4290円

日本比較法研究所翻訳叢書

36	G. レジエ他 山野目章夫他訳	フランス私法講演集	A 5 判 1650円
37	G. C. ハザード他 小島武司編訳	民事司法の国際動向	A 5 判 1980円
38	オトー・ザンドロック 丸山秀平編訳	国際契約法の諸問題	A 5 判 1540円
39	E. シャーマン 大村雅彦編訳	ＡＤＲと民事訴訟	A 5 判 1430円
40	ルイ・ファボルー他 植野妙実子編訳	フランス公法講演集	A 5 判 3300円
41	S. ウォーカー 藤本哲也監訳	民衆司法——アメリカ刑事司法の歴史	A 5 判 4400円
42	ウルリッヒ・フーバー他 吉田 豊・勢子訳	ドイツ不法行為法論文集	A 5 判 8030円
43	スティーヴン・L. ペパー 住吉 博編訳	道徳を超えたところにある法律家の役割	A 5 判 4400円
44	W. マイケル・リースマン他 宮野洋一他訳	国家の非公然活動と国際法	A 5 判 3960円
45	ハインツ・D. アスマン 丸山秀平編訳	ドイツ資本市場法の諸問題	A 5 判 2090円
46	デイヴィド・ルーバン 住吉 博編訳	法律家倫理と良き判断力	A 5 判 6600円
47	D. H. ショイイング 石川敏行監訳	ヨーロッパ法への道	A 5 判 3300円
48	ヴェルナー・F. エブケ 山内惟介編訳	経済統合・国際企業法・法の調整	A 5 判 2970円
49	トビアス・ヘルムス 野沢・遠藤訳	生物学的出自と親子法	A 5 判 4070円
50	ハインリッヒ・デルナー 野沢・山内編訳	ドイツ民法・国際私法論集	A 5 判 2530円
51	フリッツ・シュルツ 眞田芳憲・森 光訳	ローマ法の原理	A 5 判 （品切）
52	シュテファン・カーデルバッハ 山内惟介編訳	国際法・ヨーロッパ公法の現状と課題	A 5 判 2090円
53	ペーター・ギレス 小島武司編	民事司法システムの将来	A 5 判 2860円

日本比較法研究所翻訳叢書

日本比較法研究所翻訳叢書

＊表示価格は税込みです。